워렌 W. 위어스비 지음
최용수 옮김

하나님의 일꾼과 사역

On Being a Servant of God

기독교문서선교회

기독교문서선교회(Christian Literature Center: 약칭 **CLC**)는
1941년 영국 콜체스터에서 켄 아담스에 의해 시작되었으며
국제 본부는 미국의 필라델피아에 있습니다.
국제 CLC는 59개 나라에서 180개의 본부를 두고, 약 650여 명의
선교사들이 이동도서차량 40대를 이용하여 문서 보급에 힘쓰고 있으며
이메일 주문을 통해 130여 국으로 책을 공급하고 있습니다.
한국 CLC는 청교도적 복음주의 신학과 신앙서적을 출판하는
문서선교기관으로서, 한 영혼이라도 구원되길 소망하면서
주님이 오시는 그날까지 최선을 다할 것입니다.

On Being a Servant of God

Written by
Warren W. Wiersbe

Translated by
Yongsoo Choi

Copyright © 1993, 2007 by Warren W. Wiersbe
Originally published in English under the title as
On being a servant of God
by Warren W. Wiersbe
Translated and used by permission of
Baker Publishing Group,
U.S.A. P.O. Box 6287, Grand Rapids, MI 49516-6287.

All rights reserved

Korean Edition
Copyright © 2012, 2020 by Christian Literature Center
Seoul, Korea

추천사 1

짐 심발라 Jim Cymbala
뉴욕 The Brooklyn Tabernacle Church 담임목사

이 책 『하나님의 일꾼과 사역』On Being a Servant of God의 첫판을 받아보아 읽었던 것은 저에게 정말 축복의 시간이 되었음을 기억합니다. 워렌 위어스비 목사님은 백 권 이상의 책을 쓰셨지만, 이 책은 다른 어떤 책보다 그 가치가 더욱 두드러집니다.

모든 기독교 사역의 전제가 되는 '종으로서의 단순함' 그리고 '성육신적 사역 태도'에 대한 위어스비 목사님의 권고는 제 마음에 깊은 감동을 주었습니다. 진정한기독교 사역에 대한 위어스비 목사님의 정의는 모든 목회자, 리더, 그리고 성도들이 잊지말고 계속 묵상해야 할 문구라고 생각합니다.

이 책의 저자인 위어스비 목사님은 목회자요 또한 성경 강해자로 누구보다 풍부한 경험을 가지신 분이십니다. 그분은 명료함과 통찰력을 가지고 해당 주제에 접근하여 그 다루는 주제로부터 숨겨진 보석을 지혜롭게 찾아내고 있습니다. 이 지혜의 보화들은 예수 그리스도의 이름으로 사람들을 섬기는 데 있어서 어려움을 느끼는 모든 이들에게 참으로 가치 있는 안내서가 될 것입니다.

나는 여러 목회자들과 주변의 친구들이 위어스비 목사님이 쓰신 이 지혜의 글로부터 오는 유익을 더불어 경험하길 원하며, 이미 이 책 『하나님의 일꾼과 사역』On Being a Servant of God을 백 권도 넘게 구입하여, 선물로 나누어 주었습니다. 열린 마음과 기도하는 마음을 가지고 이 책을 읽는 모든 독자들에게 하나님이 주시는 감동은 동일하지 않고 다양하게 전달될 것입니다. 다양한 방면에서 기독교 사역이 위협받고, 도전받고 있는 이 시기에, 이 책을 읽으며 진정한 하나님의 일꾼이 되기 위해 은혜의 보좌에 계신 그분께 간구하는 모든 이들에게 하나님은 놀라운 지혜의 창문을 열어주시리라 확신하며, 이 책을 추천합니다.

추천사 2

김우생 박사 Dr. Daniel Kim
전 성서침례대학원대학교 총장

위어스비 목사님의 책들이 한국에 소개되기 전에 원서로 먼저 접했던 저는 한국의 목회자들에게 유익이 되겠다는 생각에 번역 출판하는 분들에게 처음으로 그분의 책을 소개했었던 기억이 있습니다. "Be 성경주석" 시리즈를 비롯한 위어스비 목사님의 많은 책은 사역에 큰 축복이 되어왔기에, 그분의 또 다른 역작인 『하나님의 일꾼과 사역』On Being a Servant of God이 번역되어 한국에 소개된 것을 매우 기쁘게 생각합니다. 이 책을 번역한 최용수 목사님은 설교학 박사 과정 중에 있는 신실한 하나님의 종으로서 이 책을 번역하기에 가장 적절한 분이라고 생각합니다.

목회자이자 성경강해자로서 수많은 이들에게 영향을 끼쳐 온 위어스비 목사님의 책은 목회자의 정체성에 대한 심각한 도전을 받고 있는 이 시대에, 가뭄의 단비처럼 우리들의 심령을 새롭게 해 주리라 확신합니다. 사역 가운데 실제 경험한 것을 바탕으로 진정한 하나님의 종이 되기 위한 성경적이며 실제적인 방법들을 통찰력 있게 제공하고 있는 이 책은 하나님의 종이 되기를 갈망하는 모든 이에게 주옥같은 진리와 영감을 불어넣어 줄 것입니다.

이 책을 읽는 모든 이들이 영성과 지성과 인품을 겸비한 하나님의 일꾼으로 다시 헌신할 뿐만 아니라, 하나님의 영광을 위하여 기꺼이 값을 치르기 원하는 불타는 열정을 다시금 경험하기를 소망하며 이 책을 추천합니다.

추천사 3

정현 박사 Dr. David Hyun Chung
Liberty Baptist Theological Seminary 신약학 및 설교학 교수

『하나님의 일꾼과 사역』On Being a Servant of God 은 성경의 가르침에 근거한 위어스비 목사님의 목회 철학과 그 실천의 현장을 묶어놓은 뛰어난 사역 지침서입니다. 목차를 통해서 쉽게 볼 수 있듯이 다루고 있는 내용의 탁월한 적절성과 다양성에 찬사를 보냅니다. 복음 사역자로서 잊어버리거나 간과하기 쉬운 가장 핵심적이고도 힘이 넘치는 성경적인 지침들을 친절하게 그리고 명쾌하게 상기시켜줍니다.

또한 그러한 성경적인 지침들이 어떻게 확인되고 열매 맺었는지를, 자신과 다른 사역자들의 경험을 예로 들어, 솔직하고도 확신에 찬 어조로 밝혀주고 있습니다. 위어스비 목

사님은 원리와 실제를 균형 있게 조화시키는 뛰어난 필체를 통해, 긍휼이 넘치는 사역자들을 통해 하나님의 사랑의 능력이 영혼들을 변화시키며 하나님께 영광을 돌려드린다는 이 책의 주제를 설득력 있게 그리고 웅변적으로 선포하고 있습니다.

사역을 막 시작하려는 젊은 사역자들의 필독서이며, 사역에 지쳐있는 사역자들을 위한 시원한 청량제이며, 사역에 만족을 느끼고 있는 사역자들을 위한 '주마가편'走馬加鞭의 촉매제가 되는 위어스비 목사님의 명작을 모든 사역자들에게 기꺼이 추천합니다.

On Being
a Servant
of God

저자 서문

이 책의 개정판을 내게 된 것은 저에게 말로 할 수 없는 큰 격려가 되었습니다. 저는 하나님의 일꾼들이 되고자 할 뿐 아니라 기꺼이 그 값을 지불하려는 성도들이 여전히 있다는 사실이 너무 기쁩니다. 다른 이들처럼 저 역시 실수를 많이 하긴 하지만, 주님이 저에게 가르쳐 주신 사역의 원리들을 이 책에서 여러분과 나누기 위해 최선을 다했습니다. 그동안 세 군데의 교회에서 목회했으며, 세상의 여러 지역들을 여행하며 하나님의 일꾼들을 섬기는 후원자들과 함께 강의실에서 학생들을 가르치고, 상담하며 그들과 더불어 기도하며, 그들을 통해 내 자신이 더 많이 배운 것을 하나님이 선택하신 일꾼들과 함께 나눌 수 있었던 것은 참으로 행복한 특권이었습니다. 이것은 마치 베드로 사도가 말씀했던 "내게 있는 것으로 네게 주노니"와 같은 원리였습니다.

이 책은 위대한 주인을 섬기는 일반적으로 '기독교 전임사역자'로 불리는 이들이 주인을 섬기는 종들로 자신의 정체성을 찾아가도록 하기 위해 쓰여졌습니다. 성경은 '안수받은 목회자'와 '성직자'들에 대해 자세히 언급하고 있지 않습니다. 우리 모두는 그리스도 안에서 주님을 섬기는 한 지체로서 하나님의 영광을 위해 우리가 받은 은사들을 사용하도록 힘써야 합니다.

이 책은 기독교 사역에 대해 여러분과 나누길 원하는 '대화'로 이루어져 있습니다. 이 대화는 제가 1951년, 안수 받은 목회자가 되었을 때, 누군가가 저에게 알려 주길 원했던 사역의 중요한 원리들을 다룬 것들입니다. 기독교 사역이 수월했던 시기는 단 한 순간도 없었지만, 편리한 전자 기기들을 다양하게 사용할 수 있는 오늘날에 있어서도 여전히 우리의 사역은 많은 힘이 듭니다. 사람들이 달라졌고, 교회 역시 이전과 달라졌지만 우리 인간의 본성은 변하지 않았고, 원수들은 그 어느 때보다 더욱 속이며, 파괴적으로 활동하고 있습니다. 사도행전 3장의 성전 미문에 앉아있던 거지와 같이, 사람들 자체가 여전히 문제투성이일 뿐 아니라 그들은 또 문젯거리를 안고 살아가기에 사람들은 하나님의 종들로부터 받을 만한 그 무언가를 여전히 기대합니다. 물론 우리가 그들을 실망시키지 않기를 간절히 바랍니다!

짐 심발라Jim Cymbala 목사님은 매우 기쁘게 이 책의 추천사를 써 주셨습니다. 브루클린 태버나클 교회의 역동적인 사역은 늘 우리에게 감동을 안겨주었고, 하나님의 말씀과 매일 매일의 뜨거운 기도의 능력이 지금도 역사하고 있음을 우리는 지켜보고 있습니다. 짐 심발라 목사님이 열정적으로 이 책을 추천해 주신 것을 저는 너무나 영광스럽게 생각하고 있습니다. 감사드립니다!

이 책을 읽는 모든 독자들이 열매를 거두시는 우리 주님을 섬길 때 더 많은 기쁨과 풍성한 열매의 축복들이 더하시길 기도드립니다!

워렌 위어스비Warren W. Wiersbe

On Being
a Servant
of God

역자 서문

  2011년으로 넘어오는 그해 겨울은 유난히 추웠습니다. 차가운 겨울, 포레스트^{Forest}의 작은 도서관에서, 리버티 대학의 1층 한 켠에서, 존경하는 위어스비 목사님이 평생 간직하신 값진 보물을 동시대의 사역자들을 위해 한 단어, 한 문장 우리의 글로 찾아가며, 조심스럽게 옮기는 작업은 영적으로는 더없는 기쁨을 가져다주었지만, 육체적으로는 적지 않은 인내를 요구하는 힘든 노동이었습니다.

  하지만 하나님께 몸과 마음을 드리고 하나님의 사람으로 빚어지기 위해 사역의 전쟁터에서 여전히 싸우며 이 책을 읽을 하나님의 일꾼들을 떠올릴 때면, 이 작업은 다시금 저에게 주어진 사명과 즐거움으로 바뀌었음을 고백합니다.

번역에 있어 모든 잘못은 역자인 본인에게, 모든 박수는 저자인 위어스비 목사님께 그리고 모든 영광은 오직 하나님께만 돌려지기를 소원합니다.

오늘도 사역의 험한 바다 위에서 고군분투하시는 모든 하나님의 종들과 더불어 이 책이 우리들 자신과 우리 사역의 현 주소를 뒤돌아보게 하고, 우리 사역이 주님께 초점을 맞추는 성숙으로 나아가는 데 도움을 주는 사역의 나침반이 될 수 있기를 소원하며 또한 그렇게 되리라 확신합니다.

원고가 책이 되어 세상에 나올 수 있도록 배려를 아끼지 않은 CLC와 힘을 보태준 많은 친구들-현우, 소영, 우성, 네트워크 팀, 길 공동체 멤버들-과 추천사를 기꺼이 써 주신 존경하는 김우생 목사님, 정현 목사님, 인내의 시간들을 격려의 시간으로 바꿔준 나의 천사와 두 아들에게도 감사의 말을 덧붙이고 싶습니다.

2012년 12월 린치버그에서
최용수 목사 識

목차

추천사 1 (짐 심발라 목사) / 5
추천사 2 (김우생 박사) / 7
추천사 3 (정현 박사) / 9
저자 서문 / 11
역자 서문 / 14

1. 사역의 추억 / 19
2. 사역자는 누구인가? / 27
3. 사람들의 필요를 채우는 사역 / 37
4. 사랑의 통로가 되는 사역 / 47
5. 하나님께 영광 돌리는 사역 / 61
6. 부르심에 신실한 사역 / 71
7. 그리스도께 초점을 맞추는 사역 / 81
8. 하나님이 인도하시는 사역 / 91
9. 인격을 통한 사역 / 103
10. 성숙함의 사역 / 117
11. 포용하는 사역 / 125
12. 웃음과 사역 / 137

13. 다리를 놓는 사역 / 145
14. 전환기의 사역 / 161
15. 이동기의 사역 / 173
16. 실패와 함께하는 사역 / 185
17. 나이든 세대와 사역 / 193
18. 젊은 세대와 사역 / 207
19. 독서와 사역 / 211
20. 가정과 사역 / 229
21. 기쁨의 사역 / 239
22. 성경과 사역 / 251
23. 복음과 사역 / 265
24. 신실한 사역 / 273
25. 고통과 영광의 사역 / 283
26. 심판대와 사역 / 291
27. 내키지 않는 날의 사역 / 301
28. 용서와 사역 / 313
29. 돈과 사역 / 323
30. 미래와 사역 / 333

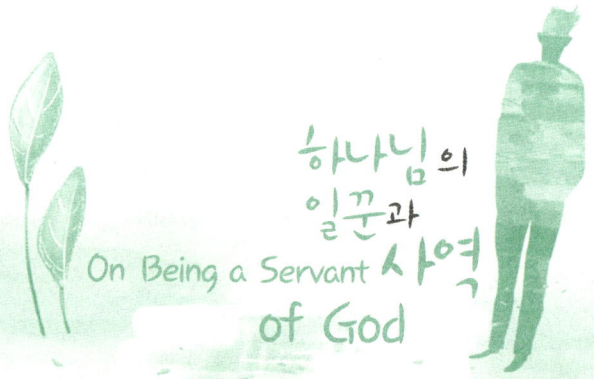

하나님의
일꾼과
사역
On Being a Servant
of God

1. 사역의 추억

　여러분이 교회에서 자원봉사자로 섬기고 있든 아니면 전임사역자로 일하고 있든, 마주앉아 여러분의 사역에 대해서 여유롭게 대화 나눌 수 있었으면 좋겠습니다. 하지만, 그렇게 하는 건 사실상 불가능하겠지요. 그래서 차선책이긴 하지만 이 책을 통해서 내 생각을 여러분과 나누기 원합니다. 여러분은 이제 막 사역을 시작했을 수도 있고, 아니면 사역의 전쟁터에서 산전수전을 다 겪은 그래서 몸과 마음에 어떤 흔적을 지닌 베테랑일 수도 있습니다. 어느 쪽이든, 내가 드리는 말씀은 세상에서 가장 위대한 일, 주 예수 그리스도를 섬기는 일에 있어서 여러분에게 격려가 되기를 원합니다.

하나님을 섬긴다는 것은 정말 굉장한 일입니다. 그것이 의미하는 바가 진정 무엇인지 그리고 하나님이 그 일에 우리를 어떻게 사용하시는지를 제대로 이해하기만 한다면 말입니다. 예수님을 위해 사역하는 것은 마치 행글라이더를 타고 하늘로 솟구쳐 오를 때 느끼는 희열 같을 수도 있고, 반대로 그리스 신화의 시지푸스가 무거운 바위를 산꼭대기까지 반복해서 굴려 올릴 때 그랬던 것처럼 한없이 짐스럽고 지겨운 부담이 될 수도 있습니다. 그 일이 얼마나 어렵든지, 혹은 우리가 얼마나 자주 그 일을 그만두고 싶든지 간에, 만약 하나님이 가르쳐주신 **말씀의 방법을 따르기만 한다면** 우리는 계속 전진하며, 계속 성장할 수 있습니다.

1950년 처음 사역을 시작했을 때를 돌아보면, 나는 안타깝게도 기독교 사역에 대한 분명한 관점을 갖고 있지 못했습니다. 결과적으로, 내가 정확히 무엇을 해야 하는지 그리고 어떤 기준으로 내 사역을 평가해야 하는지 알지 못한 채, 허둥거리고 좌절했습니다. 로마의 속담 중에 "항해사가 자신이 어떤 항구로 가야 할지 모르고 있다면, 불어오는 어떤 바람도 순풍이 아니다"라는 말이 있습니다. 지금 돌아보면 사역 초기 제 모습은 당황한 항해사의 모습과도 같았습니다. 물론 나는 최고의 교육을 받았기 때문에 어떤 방법이나 아이디어가 부족하지는 않았습니다만 원리를 분명하게 알지는 못했습니다. 나는 인생이라는 커다란 바다를 항해하면서 정작 필요한 나침반 대신에 도로용 지도만을 갖고 있는 것과 같았고, 그래서 배의 키를 어떻게 조종해야 하는지 확실히 알지 못했습니다.

오랜 시간 많은 눈물을 흘리고 난 지금에서야, 부족하나마 몇 가지 사역의 원리들을 깨닫게 됐습니다. 이제 이 원리들을 여러분과 나누길 원합니다. 우리에게 친숙한 표현 중에 이런 것이 있습니다.

> 방법은 많다. 그러나 원리는 적다.
> 방법은 언제나 변한다. 그러나 원리는 결코 변하지 않는다.

확실히, 우리가 하나님을 섬기기 위해 다양한 방법들이 필요한 것은 사실입니다. 하지만 어떤 방법이 효과를 발휘하는 것은 그 방법들 뒤에 어떤 원리가 뒷받침하고 있기 때문이라는 사실을 기억해야 합니다. 방법 이면에 존재하는 원리들을 먼저 이해하지도 않은 채 단지 다른 사람들이 효과를 봤다는 이유만으로 새로운 방법을 채택하는 것은 나침반도 배의 키도 모두 버리는 것이나 마찬가지입니다. 그리고는 결국 폭풍이 몰아치는 사역의 바다 위에서 정처 없이 표류하게 될 것입니다.

여러분이 단지 즉각적인 효과를 보장해주는 방법들을 찾기 원한다면, 죄송하지만 이 책은 여러분을 위한 것이 아닙니다. 왜냐하면, 하나님의 사역은 영리한 방법들이 아니라 가장 기본적인 원리들 위에서 세워지기 때문입니다. 하나님은 우리가 '남을 모방하는 사역'을 하기를 원치 않으십니다. 그분은 바울 사도가 빌립보서 2:13에서 "너희 안에서 행하시는 이는 하나님이시니 자기의 기쁘신 뜻을 위하여 너희에게 소원을 두고 행하게 하시나니"라고 말씀하신 것처럼 하나님은 우리에게 '성육신하는 사역'을 원하십니다.

내가 수년 동안 사용해왔던 사역에 대한 정의를 이제 여러분에게 소개하려 합니다. 모든 정의에는 나름의 한계가 있는 것처럼 이것도 완벽하지는 않습니다. 그러나 최소한 우리가 함께 공감할 만큼의 바른 방향은 잡아 주리라 믿습니다.

> 사역이란
> 무한하신 하나님의 자원이
> 긍휼이 넘치는 사람들을 통해
> 사람들의 필요를 채워
> 하나님께 영광이 돌려지는 일이다.

이 정의가 이야기하는 것과 같은 사역을 사도행전 3장에 기록된 한 사건을 통해서 가장 잘 살펴볼 수 있습니다.

제 구 시 기도 시간에 베드로와 요한이 성전에 올라갈새 나면서 못 걷게 된 이를 사람들이 메고 오니 이는 성전에 들어가는 사람들에게 구걸하기 위하여 날마다 미문이라는 성전 문에 두는 자라 그가 베드로와 요한이 성전에 들어가려 함을 보고 구걸하거늘 베드로가 요한과 더불어 주목하여 이르되 우리를 보라 하니 그가 그들에게서 무엇을 얻을까 하여 바라보거늘 베드로가 이르되 은과 금은 내게 없거니와 내게 있는 이것을 네게 주노니 나사렛 예수 그리스도의 이름으로 일어나 걸으라 하고 오른손을 잡아 일으키니 발과 발목이 곧 힘을 얻고 뛰어 서서 걸으며 그들과 함께 성전으로 들어가면서 걷기도 하고 뛰기도 하며 하나님을 찬송하니 모든 백성이 그 걷는 것과 하나님을 찬송함을 보고 (행 3:1-9).

여기에서 우리는 앞서 정의한 사역의 네 가지 필수적인 요소들을 만날 수 있습니다. 베드로와 요한은 도움을 절실히 필요로 하는 한 사람을 보았습니다. 그는 육체적으로도 불구였고, 영적으로도 죽은 사람이었습니다. 우리 주님의 긍휼하심을 드러내기 위해 두 사도는 이 사람에게 하나님의 능력을 나누어 주었습니다. 그러자 이 사람은 육체적으로도 완전히 나았고, 영적으로도 온전히 그리스도께 돌아온 사람이 되었습니다. 하나님이 영광을 받으셨고, 그리스도의 복음을 전파할 기회가 생겼으며, 이후 2,000명이 훨씬 넘는 사람들이 그리스도를 믿게 되었습니다.[행 2:41, 4:4]

그러므로 우리가 하나님이 우리가 사역하길 원하시는 방식과 사도들이 실제로 사역했던 방식대로 예수 그리스도를 섬기기 원한다면, 우리는 ① 개인적인 차원에서 하나님의 무한하신 자원에 눈을 떠야 합니다. ② 긍휼의 마음을 가지고 사람들의 필요를 돌아보아야 합니다. ③ 하나님의 강력한 자원들을 흘려보내는 통로가 되어야 합니다. ④ 오직 하나님 한 분에게만 영광이 돌려지도록 해야 합니다. 하나님께 영광이 온전히 돌려질 때, 성령님께서는 하나님을 알아야만 하는 사람들에게 예수 그리스도를 전해 주실 수 있습니다. 절망에 빠진 한 사람에게 다가감으로써, 베드로는 수많은 사람들에게 복음을 전할 수 있었습니다.

다음 장으로 넘어가기 전에, 이 사역의 정의를 천천히 묵상해 보시기 바랍니다. 그리고 여러분의 마음을 점검해 보십시오. 여러분은 하나님을 개인적으로 만나셨는지요? 예수 그리스도를 통해서 얻을 수 있는 놀라운 자원들에 대해 알고 계시는지요? 여러분은 진정 다른 사람들의 필요에 대해 관심을 가지고 있는지요? 그래서 그들을 보고 돕기를 원하는지요? 필요를 가진 사람들을 향해 긍휼의 마음을 가지고 있으신지요? 하나님의 영광만을 위해 기꺼이 그분의 통로가 될 마음이 있으신지요?

사역이란

무한하신 하나님의 자원이

긍휼이 넘치는 사람들을 통해

사람들의 필요를 채워

하나님께 영광이 돌려지는 일이다.

이 정의를 기억하시기를 바랍니다.

2. 사역자는 누구인가?

우리들 중 대다수의 그리스도인들이 갖고 있는 문제 중의 하나는 하나님이 우리를 나누어주는 자^{distributor}로 부르셨는데도 불구하고, 만들어내는 자^{manufacturer}로 부름 받았다고 착각하는 것입니다. 오직 하나님만이 사람들의 모든 필요를 충족시킬 자원을 소유하신 분입니다. 우리가 할 수 있는 일은 그분의 풍성함을 받아서 그것을 다른 사람들과 나누는 일뿐입니다. 베드로 사도는 "은과 금은 내게 없거니와 내게 있는 이것을 네게 주노니"^{행 3:6}라고 말했습니다. 사역에 관한 한, 우리는 모두 파산한 사람이며 하나님만이 부요하신 분이십니다. 우리는 사도 바울처럼 "가난한 자 같으나 많은 사람을 부요하게 하는"^고후 6:10 사람입니다.

유일하게 사복음서 모두에 기록되어 있는 예수님의 기적, 곧 오천 명이 넘는 사람들을 먹이신 기적 사건이 떠오릅니다.^마 14:15-21, 막 6:35-44, 눅 9:12-17, 요 6:1-14 제자들은 오천 명이 넘는 배고픈 사람들을 바라보면서도 도무지 어떻게 해야 할지를 몰랐습니다. 제자들은 단지 그들이 늘 해오던 방식대로 생각했습니다. 제자들은 자신들이 얼마나 무능한지를 아직 깨닫지 못하고 있었습니다!

먼저, 제자들은 배고픈 무리들을 그들의 집으로 돌려보내어 아예 이 문제를 피하시라고 예수님께 충고했습니다. 여기서 배고픈 사람들을 향한 긍휼의 마음을 어디 조금이라도 찾아 볼 수 있는지요? 우리 주님은 사람들이 몹시 배고파서 그 상태로는 집까지 먼 길을 갈 수 없다는 것을 아셨습니다. 그래서 제자들의 이 제안을 한 마디로 거절하셨습니다. 그런데 우리도 사역하다 보면, 하나님이 우리를 통해 돕기를 원하시는 바로 그 사람들이 우리 앞에서 어서 사라져 줬으면 하는 유혹을 종종 받기도 합니다. 제자들은 비단 이번 한 번뿐이 아니라 이미 수차례 그런 유혹을 받았습니다.^마 15:21-28, 19:13-15

빌립은 그렇게 많은 사람들을 먹일 만큼 충분한 돈이 수중에 없음을 인정했습니다. 하지만 설령 더 많은 예산을 가지고 있었다 하더라도 결코 해결책이 될 수는 없었습니다(대부분의 사람들은 더 많은 돈을 가지면 모든 문제가 해결될 것이라 생각합니다). 그때 안드레는 보리떡 다섯 개와 물고기 두 마리가 들어있는 한 아이의 조그만 도시락을 발견했는데, 그것은 그 많은 사람들의 필요를 충족시키기에는 턱없이 부족한 양이었습니다. "그것이 이 많은 사람에게 얼마나 되겠사옵나이까?"요 6:9 안드레는 물었고, 그에 대한 대답은 "물론 그것 자체로는 아무것도 아니다"입니다.

제자들은 만들어내는 자가 되려고 애썼습니다. 제자들은 돈을 가져오거나, 음식을 가져오거나 혹은 그 문제를 해결할 수 있는 어떤 다른 영리한 방법을 찾아내는 것이 전적으로 자신들의 책임이라고 생각했습니다. 하지만 그 동안에도, "예수님만이 친히 어떻게 하실지를 알고 계셨습니다."요 6:6 예수님은 만들어내는 자들이 아닌 나누어주는 자들로서의 제자들이 필요했습니다. 예수님은 소년의 도시락을 취하시고, 하늘을 우러러 보시고, 그 음식을 축복하시고, 떼신 다음에 그것을 제자들의 손에 넘겨주셔서 제자들이 배고픈 무리들에게 나누어주도록 하셨습니다. 음식이 늘어나게 만든 것은 주님의 손이었고, 늘어난 음식을 나누어주는 것은 제자들의 손이 할 일이었습니다.

여러분이 자신을 하나님의 부요함을 만들어내는 자가 아닌 나누어주는 자로 인정하게 되면, 여러분은 사역을 할 때 놀랍고도 새로운 자유와 기쁨을 경험하게 될 것입니다. 여러분은 새로운 도전을 두려워하지 않게 될 것입니다. 왜냐하면 새로운 도전을 채워주시는 자원들을 하나님이 갖고 계시다는 사실을 알고 있기 때문입니다. 여러분은 일이 되도록 하기 위해 필요한 모든 것들을 직접 만들어 내려고 애쓰다가 좌절하지도 않게 될 것입니다. 그리고 하나님이 여러분의 사역을 축복하실 때 그 명예를 직접 취하려는 유혹에 빠지지도 않을 것입니다. 밥 쿡Bob Cook박사[1]는 우리가

---

1 Robert Andrew Cook(1912-1991) 박사는 6세에 구원받아 16세에 무디신학교(Moody Bible Institute)에 입학하였다. 휘튼대학(Wheaton College)과 동부침례신학교(Eastern Baptist Seminary in Philadelphia)를 졸업 후 18년 동안 목회사역을 했으며 1948-1958년 동안 YFC(Youth For Christ International) 2대 회장을 역임했다. 1962년부터 23년 동안 뉴욕의 The King's College의 총장을 지냈으며, 1963년부터 1985년 은퇴할 때까지

YFC$^{\text{Youth For Christ}}$ 사역을 할 때 자주 다음과 같이 상기시키곤 했습니다. "만일 여러분이 지금 이루어지고 있는 일을 설명할 수 있다면, 그 일은 하나님이 하신 것이 아닙니다!" 그것은 시편 126편에 기록된 유대인들의 경험과 유사하게 들립니다.

> 우리는 꿈꾸는 것 같았도다…
> 여호와께서 우리를 위하여 큰 일을 행하셨으니
> 우리는 기쁘도다(시 126:1, 3).

여러분은 기적을 어떻게 설명할 수 있겠습니까? 여러분은 설명할 수 없습니다. 기적은 단지 받아들이고, 사람들과 나누고 그래서 하나님께 모든 영광이 돌려지도록 할 수 있을 뿐입니다.

하나님이 당신의 일꾼들이 사역할 때 사용할 수 있도록 베푸시는 자원에는 어떤 것이 있을까요? 우리 모두에게 친

The King's Hour라는 라디오 방송사역을 감당했다. 100만 부 이상 팔린 *Now That I Believe*의 저자이기도 하다.* (이후 * 표시는 역주)

숙한 단어 '은혜'가 이것을 가장 잘 요약해 줍니다.

우리가 다 그의 충만한 데서 받으니 은혜 위에 은혜러라 (요 1:16).

여기엔 거대한 바다의 이미지가 있습니다. 그것은 다함없는 풍부함을 가지고 끝도 없이 연이어 해변으로 밀려오는 파도의 모습입니다. 난생 처음 눈앞에 펼쳐진 드넓은 바다를 바라보며 해변에서 눈물 흘리고 있던 한 가난한 여인의 모습이 떠오릅니다. "당신은 왜 그렇게 울고 있나요?" 누군가 물었을 때 그녀는 이렇게 대답했습니다. "이렇게 풍부한 무언가를 볼 수 있다는 것이 너무나 좋아서요."

여러분은 은혜를 살 수도 없고, 은혜를 받을 만한 자격도 없습니다. 여러분은 그저 하나님의 사랑의 선물로 그것을 받아서, 다른 사람들과 나눌 수 있을 뿐입니다. 사역을 할 때 우리는 하나님의 자원을 흘려보내는 **통로**이지, 저장고가 아닙니다.

주라 그리하면 너희에게 줄 것이니 곧 후히 되어 누르고 흔들어 넘치도록 하여 너희에게 안겨 주리라 너희가 헤아리는 그 헤아림으로 너희도 헤아림을 도로 받을 것이니라(눅 6:38).

자신들이 얼마나 가난한지를 아는 일꾼들이 가장 부요하게 되며, 가장 많이 나눠 주는 일꾼들이 가장 많이 받게 되어 결국 베풀 것이 가장 많아집니다. 이것이 바로 하나님 나라의 가장 기본적인 법칙입니다.

우리는 '만들어내는 자의 정신'을 가지고 있기 때문에, 우리 자신들의 자원들 곧 경험, 훈련, 돈, 재능, 교육 같은 것에 자꾸만 의존하려고 합니다. 물론 하나님은 이 모든 자산들을 거룩하게 하시고, 사용하실 수 있습니다. 하지만 이런 것들은 곧 하나님의 은혜로부터 멀어지게 만드는 부채가 될 수 있습니다. 사도 바울은 뛰어난 능력과 최고의 교육을 받았음에도 불구하고, 자신의 효과적인 사역의 비밀은 하나님의 은혜라는 것을 알고 있었습니다. 그는 고린도교인들에게 보내는 편지에 이렇게 썼습니다.

> 그러나 내가 나 된 것은 하나님의 은혜로 된 것이니 내게 주신 그의 은혜가 헛되지 아니하여 내가 모든 사도보다 더 많이 수고하였으나 내가 한 것이 아니요 오직 나와 함께 하신 하나님의 은혜로라(고전 15:10).

바울이 바울일 수 있었던 것과 그가 모든 사역을 감당해 낼 수 있었던 것은 전적인 하나님의 은혜 때문이었습니다.

하나님의 자녀들이자 하나님의 일꾼들로서, 우리는 하나님이 소유한 은혜의 풍성함,^{엡 1:7, 2:7} 영광의 풍성함,^{엡 3:16, 빌 4:19} 측량할 수 없는 풍성함,^{엡 3:8} 긍휼의 풍성함^{엡 2:4} 그리고 지혜의 풍성함^{롬 11:33}과 또 그 밖에 더 많은 풍성함들에 의존할 수 있습니다.

> 하나님이 능히 모든 은혜를 너희에게 넘치게 하시나니 이는 너희로 모든 일에 항상 모든 것이 넉넉하여 모든 착한 일을 넘치게 하게 하려 하심이라(고후 9:8).

그러므로 우리의 사역이 하나님께 사용되어지기 전에 우리가 해야 할 가장 우선적인 것이 있습니다. 그것은 우리가 파산한 사람인 것을 고백하고, 하나님이 받으실 만한 사역을 하는 데 필요한 은혜를 믿음으로 받는 것입니다. 우리가 믿음을 통해 은혜로 구원받은 것처럼,^{엡 2:8-9} 사역자가 되고자 할 때에도 우리는 믿음을 통해 은혜가 역사하도록 해야 합니다. 오직 그렇게 할 때에만 하나님은 당신의 영광을 위해 우리 안에서 그리고 우리를 통해서 역사하실 수 있습니다.

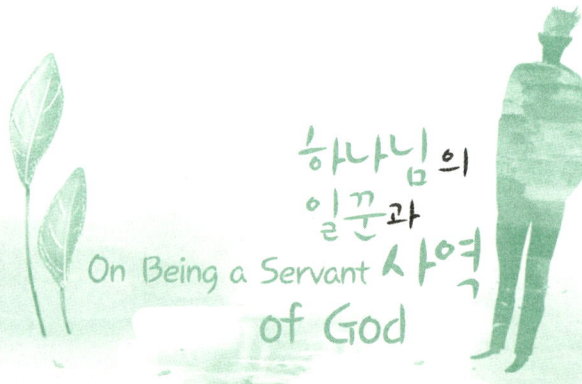
하나님의 일꾼과 사역
On Being a Servant of God

3. 사람들의 필요를 채우는 사역

　사역이란 무한하신 하나님의 자원이 사람들의 필요를 채울 때 일어나는 일입니다.

　사역에 있어서, 우리는 다른 사람들을 위해 살도록 부름 받았습니다. 사역은 생계를 위해 살아가는 또 하나의 방편에 불과한 것이 아닙니다. 사역은 다른 사람들을 위해 살 수 있는 놀라운 기회입니다. 또한 사역은 우리 주 예수 그리스도를 닮아갈 수 있는 기회도 됩니다. 예수님이 이 땅에 오셨을 때, 그분은 사람들이 가진 온갖 종류의 필요들을 채워 주셨습니다. 하지만 예수님이 항상 고맙다는 말을 들으신 것이 아닐뿐더러, 심지어는 그 사역을 제대로 인정받지도 못하셨습니다. 실제로 예수님이 병을 낫게 해준 한 사람은 예수님에게 불리한 증언을 해서 예수님을 곤경에 빠지도록 만들기도 했습니다. 요 5:1-16

우리는 믿기 어려울 만큼 수많은 종류의 필요를 가진 사람들로 가득 찬 세상 속에 살고 있습니다. 그리고 우리는 여러 가지 방법으로 이러한 필요들에 연관되어 있을 수 있습니다. 우리는 사람들에게 눈을 감은 채로 우리 자신의 삶을 살아갈 수도 있습니다. 하지만 이것은 그리스도인으로서 마땅히 추구해야 할 삶의 방식은 아닐 것입니다. 확실히 그것은 우리 주 예수님을 닮아가는 삶이 아닙니다.

> 아무 일에든지 다툼이나 허영으로 하지 말고 오직 겸손한 마음으로 각각 자기보다 남을 낫게(더 중요하게)여기고 각각 자기 일을 돌볼뿐더러 또한 각각 다른 사람들의 일을 돌보아 나의 기쁨을 충만하게 하라(빌 2:3-4).

혹은 우리 자신의 이익을 위해 다른 사람들의 필요를 이용할 수도 있습니다. 네, 정말 그렇습니다. 그렇게 사역하는 것이 얼마든지 가능합니다. 사람들이 필요로 하는 것을 얻도록 그들을 돕는 것이 아니라, 우리가 원하는 것을 얻기 위해 사람들을 이용할 수 있습니다. 예를 들어, 바리새인들은 그들의 권세를 이용해서 평범한 사람들을 세워주는 대신에, 그들의 권세를 세우기 위해 평범한 사람들을 이용했습니다.^{마 23:1-12} 만일 조심하지 않는다면, 우리도 그런 방식으로 사역할 수 있습니다. 다시 말해, 우리도 우리 자신의 인정이나 지위와 직함과 명예와 특권을 얻기 위해 다른 사람들의 필요를 교묘히 이용하며 사역할 수 있습니다. 진정한 하나님의 일꾼들은 자신들이 어떤 것을 얻든지 얻지 못하든지 간에 전혀 개의치 않고 다른 사람들을 돕습니다. 그들의 관심은 오직 하나님이 영광을 받으시는 것과 그래서 사람들이 예수 그리스도를 믿도록 하는 것입니다.

우리가 다른 사람들의 필요와 관련해 다루는 세 번째 방식은 다른 사람들의 필요들에 대해 알면서도, 아무런 일도 하지 않는 것입니다. 이것은 여리고를 향해 가던 길에서 강도 만나 죽어가는 유대인을 보았을 때 제사장과 레위인이 취했던 행동이기도 합니다.^{눅 10:25-37} 두 사람 모두 도움이 필요한 사람을 보았지만 멈추어 서서 긍휼을 베푸는 대신에 "다른 길로 피하여 지나갔습니다." 하나님의 사역자로서 우리가 보거나 듣는 그 모든 필요들에 대해 일일이 어떤 조치를 취한다는 것이 사실상 불가능하다는 점을 인정합니다. 하지만 우리는 이것을 책임지지 않아도 된다는 책임회피의 이유나 핑계거리로 삼아서는 안될 뿐 아니라, 마음을 완고하게 만드는 이런 식의 전문직업인 근성으로부터 우리 자신을 지켜내야만 합니다.

그리스도인의 섬김에서 민감한 영과 부드러운 마음이 절대적으로 필요합니다. 하지만 우리는 무관심해지기도 쉽습니다. 그렇게 되면 우리의 사역은 판에 박힌, 마지못해 하는 일이 되어버려 결국 말라기 선지자 시대의 타락한 제사장들처럼 말하게 됩니다. "이 일이 얼마나 번거로운고!"^{말 1:13}

C. S. 루이스^{C. S. Lewis} [1]에게 지대한 영향을 끼쳤던 책을 쓴

---

[1] C. S. Lewis(1898-1963)는 영국의 소설가로 케임브리지대학교(University of Cambridge)에서 철학과 르네상스 문학을 가르쳤다. 부모의 사망을 계기로 무신론자가 되었지만 로마가톨릭 신자인 판타지 소설가 J. R. R. Tolkien과 친구들의 영향으로 30세인 1929년 영국국교회 신앙을 받아들여, 이후 영국국교회 홀리트리니티교회에서 신앙생활을 하였다. 옥스퍼드대학(University of Oxford)의 문학과 철학 동아리 잉클링스의

스코틀랜드의 목사이자 소설가 조지 맥도날드^{George Macdonald} **2**
는 다음과 같이 썼습니다.

> 거룩한 일들의 껍데기만을 습관적으로 다루는 성직자만큼 해로운 것은 이 세상에 없다.

이 글은 종교적 전문 직업인 근성에 대해 지금까지 내가 읽어본 글 가운데 최고의 정의입니다.

그래서는 안 됩니다. 우리는 다른 사람들의 필요에 눈을 감아서도 안 되고, 눈을 돌려 외면해서도 안 되며, 또한 다른 사람들의 필요를 보기는 하되 우리 자신만을 생각해서도 안 됩니다. 하나님의 일꾼들이 보일 수 있는 유일하고도 올바른 반응은 하나님께 이렇게 묻는 것입니다. "주님, 제가 어

멤버였으며, 『반지의 제왕』의 저자인 톨킨과 우정을 유지했다. 그는 영국국교회, 개신교, 로마 가톨릭 등 교파를 초월한 기독교 교리를 설명한 기독교 변증과 소설, 특히 『나니아 연대기』의 저자로 잘 알려져 있다.*

2 George Macdonald(1824-1905)는 스코틀랜드 태생의 시인, 소설가, 목회자로 칼빈교도로서 엄격하고 금욕적인 환경에서 자랐으며 그의 환상적이면서도 세련된 문학 세계는 『이상한 나라의 앨리스』를 쓴 Lewis Carroll, 『반지의 제왕』을 쓴 Tolkien 등 다른 많은 판타지 작가들에게 깊은 영향을 주었다. 대표적인 작품으로는 『황금 열쇠』, 『공주와 고블린』, 『지혜로운 여인』 등이 있다.*

떻게 하기를 원하십니까?"^{행 9:6} 우리가 모든 것을 다 할 수는 없지만 그러나 무엇인가는 할 수 있습니다. 우리는 예수님이 행하셨던 것처럼, 바로 그 일을 해서 하나님께 영광을 돌려드려야 합니다.

하나님이 우리를 불러 섬기게 하신 사람들은 육체적, 감정적, 관계적, 재정적인 온갖 종류의 필요들을 가지고 있습니다. 하지만 그들에게 가장 필요한 것은 하나님과 하나님의 뜻에 바르게 연결되는 것입니다. 이것은 하나님의 말씀과 기도가 그들에게 청구된 각종 계산서를 지불해 준다거나 또는 그들의 허기진 배를 채워 줄 것이라는 의미는 아닙니다. 우리는 굶주린 사람들에게 성경의 약속을 인용하고, 그들을 위해 기도하며, 미소를 지은 채로, "평안히 가시고, 따뜻하게 하시고, 배부르게도 하시오"^{약 2:16}라고 말만 해서는 안 됩니다. 우리는 실제로 밥상을 차려주기 위해 할 수 있는 일들을 해야 합니다. 하지만 그들이 하나님과 바른 관계 속으로 들어가 성장하도록 도와주지 못한다면, 우리가 어떤 도움을 주든지 그것은 곧 그들에게 또 다른 필요가 생길 때까지만 도움이 되는 일시적인 미봉책에 불과할 뿐입니다. 그리고 결국 이러한 악순환은 되풀이되는 것입니다.

아마도 이런 점이 그리스도인의 사역과 단순히 인도주의적인 자선 (물론 도움이 되겠지만) 활동 사이에서 발견되는 두드러진 차이점 중의 하나일 것입니다. 두 경우 다 사랑으로 행해질 수 있습니다. 두 경우 다 음식을 대접해줄 수 있으며, 두 경우 다 신발을 신겨줄 수 있습니다. 하지만 오직 참된 그리스도인의 사역만이 사람들의 마음 가운데 은혜를 불러 일으켜, 그들의 삶을 변화시키고, 그들의 문제를 진정 해결하는 것입니다. 사람들을 위해 우리가 할 수 있는 최선의 일은 그들을 위해 그들의 문제들을 해결해 주는 것이 아니라, 그들이 하나님의 은혜에 연결되어 그들 스스로 문제를 해결하여, 같은 문제에 다시 빠지지 않게 하는 것입니다.

흔히 "모든 문제의 근원은 마음의 문제"라고 말하기도 하지만 이 말은 부분적으로만 맞는 말입니다. 때때로 우리 자신이 한 행동 때문이 아니라 다른 사람들이 한 행동 때문에 어려움을 겪는 경우가 발생합니다. 어린 아이들은 종종 그들의 부모들이 한 행동 때문에 고통을 당하기도 하며, 반대로 부모들도 자녀들이 한 행동으로 인해 고통받기도 합니다. 회사 사장이 공금을 횡령하여 사업을 엉망진창으로 만들어 다수의 무고한 직원들이 직장을 잃게 되는 경우도 있습니다. 사람들이 비록 그들 자신의 문제를 스스로 야기하지 않았다 할지라도, 만일 그들이 잘못된 방식으로 자신들의 문제를 처리하게 되면, 문제들을 더욱 악화시킬 뿐입니다. 삶이 우리에게 어떤 모습으로 다가오는가 하는 것은 우리가 그 삶에 어떻게 반응하느냐에 달려 있습니다. 따라서 바로 그런 상황에서 하나님의 은혜가 필요한 것입니다.

교회는 하늘로 승천하신 구주 예수님을 대신하는, 이 땅에 있는 그리스도의 몸입니다. 예수님은 "섬김을 받으려 함이 아니라 도리어 섬기려 하고 자기 목숨을 많은 사람의 대속물로 주시기 위해 이 땅에 오셨습니다."마 20:28 이것이 곧 우리의 태도가 되어야 합니다. 하나님의 영광을 위해 희생하고 섬기는 것 말입니다.

베드로가 "내게 있는 이것을 네게 주노니"행 3:6라고 말하지 않았던 시절이 있었습니다. 이전에 그는 "보소서 우리가 모든 것을 버리고 주를 따랐사온대 그런즉 우리가 무엇을 얻으리이까?"마 19:27라고 말하기도 했습니다. 이기심에 가득찬 사람은 "내가 무엇을 얻을 것인가?"라고 말하지만, 섬김의 사람은 "내게 있는 것으로 네게 주니"라고 말합니다.

오늘날 이 시대를 살아가고 있는 사람들의 필요는 이루 말로 표현하기 힘든 정도이며 셀 수 없을 만큼 많아 (만일 여러분이 민감한 마음을 지니고 있다면) 거의 견디기 힘든 정도입니다. 여러분과 내가 모든 것을 할 수는 없지만 그러나 무엇인가는 할 수 있습니다. 그리고 그 무엇인가가 바로 하나님이 우리를 부르셔서 이루시길 원하시는 사역입니다.

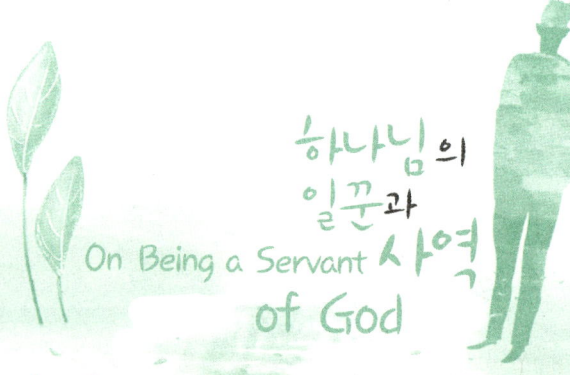

하나님의
일꾼과
On Being a Servant 사역
of God

4. 사랑의 통로가 되는 사역

내가 어떤 책을 읽다가 우연히 새로운 단어를 하나 발견했습니다. 에리나세우스^{Erinaceous} 이 단어는 동물학에서 쓰는 용어인데, 고슴도치과의 동물을 묘사하는 것입니다. 고슴도치와 같이, 어떤 사람들은 진짜 에리나세우스 같습니다. 여러분이 그들에게 다가가면 갈수록, 그들은 자신을 보호하기 위해 빳빳한 가시로 여러분을 찌를 것입니다. 여러분은 그 사람들을 돕기 원하지만, 그렇게 할수록 여러분은 상처를 입게 될 것입니다.

우리에게 사랑이 필요한 것은 바로 이런 이유 때문입니다. 사역이란 무한하신 하나님의 자원이 사랑의 통로가 되는 사람들을 통해 사람들의 필요를 채움으로 하나님께 영광을 돌려드리는 일입니다. 만일 우리 섬김의 동기가 그리스도의 사랑, 즉 우리를 향한 예수님의 사랑과 예수님을 향한 우리의 사랑이 아닌 다른 무엇이라면, 우리가 하는 사역은 사람들의 필요를 진정으로 채워줄 수 없을뿐더러 하나님을 영화롭게 할 수도 없습니다.

> 무리를 보시고 불쌍히 여기시니(마 9:36).
>
> 그리스도의 사랑이 우리를 강권하시는도다(고후 5:14).

제가 '사랑의 통로'라는 표현을 사용할 때, 하나님의 일꾼들이 하나님이 축복하시려는 사람들을 위해 어떻게 하든지 단지 전달만 하면 되는 수동적인 통로를 의미하는 것은 아닙니다. 하나님은 우리와 상관없이 또는 우리를 대신해서 ("내 버려 둬, 하나님이 하시게!") 일하시지 않으시며, 우리들 안에서 그리고 우리를 통해서 일하십니다. 그리고 하나님은 무한하신 당신의 자원을 사람들에게 나누어주기 위해서 일하실 뿐만 아니라, 통로 또한 축복하길 원하십니다. 만일 하나님의 일꾼들이 그가 하는 사역 가운데서 축복을 받지 못하고 있다면, 무엇인가 근본적으로 잘못된 것입니다. 하나님을 섬기는 것은 벌 받는 것이 아니라 영양을 공급받는 것입니다. 예수님은 말씀하셨습니다.

> 나의 양식은 나를 보내신 이의 뜻을 행하며 그의 일을 온전히 이루는 이것이니라(요 4:34).

하나님을 섬긴다는 것은 사람들과 더불어 일한다는 것을 의미합니다. 사람들은 저마다 문제를 가지고 있을 뿐 아니라 그들 자신의 필요를 해결하려는 방식 때문에 문젯거리를 만들기도 합니다. 그들은 다른 사람들과 일정한 거리를 두기 위해 보이지 않는 보호용 가시를 세우려 할 수도 있습니다. 따라서 여러분이 이 사람들을 진정으로 사랑하지 않는다면, 여러분은 결코 그들을 도울 수 없습니다.

우리는 앞 장에서 여러분과 내가 다른 사람들의 필요에 올바르게 연결되어야 한다는 사실을 배웠습니다. 우리는 그들의 필요에 눈을 감거나 또는 그들을 무시해서도 안 되며,

더군다나 우리 자신을 드러내기 위한 기회로서 다른 사람들의 필요를 이용해서도 안 됩니다. 그런데 우리가 도움을 주려는 사람들은 그들 자신의 문제에 대해 이러한 접근방식중 하나 혹은 전부를 선택하곤 합니다! 어떤 사람들은 자신들의 진정한 필요를 보지 못한 채 끊임없이 다른 길로 가기를 원합니다. 또 어떤 이들은 자신들의 필요를 아예 무시하기로 결심하고는 다른 누군가에게 비난의 화살을 돌립니다.

그리고 심지어는 다른 사람들로부터 자신들이 원하는 것을 얻기 위해 자신들의 필요를 교묘하게 이용하는 법을 터득한 사람들도 있습니다. 그들은 자기들의 문제를 해결할 수 없습니다. 왜냐하면 그들의 삶의 방식 자체가 이러한 문제들 위에 세워져있기 때문입니다. 이러한 세 번째 부류의 사람들이 아마도 도움을 주기가 가장 힘든 사람들일 것입니다.

그럼에도 불구하고, 우리가 하나님의 은혜를 흘려보내는 사랑의 통로임을 기억해야 합니다. 클레르보의 버나드^{Bernard of}

Clairvaux ¹는 "정의는 일의 옳고 그름을 따지지만, 동정은 오직 필요에 주목한다"고 말했습니다. 하나님의 일꾼들인 우리들이 우리가 섬기는 어떤 사람들보다 더 하나님의 은혜를 받을 만한 자격이 있다고 말할 수는 없습니다. 우리가 누구 길래, 하나님의 은혜와 자비를 감히 제한하겠습니까?

그렇지만 그리스도인의 사랑이 맹목적인 것은 아닙니다. 바울 사도는 빌립보에 있는 성도들을 위해 기도하기를, 그들의 사랑이 "지식과 모든 총명으로 점점 더 풍성하게 되기를"^{빌 1:9} 구했습니다. 예수님은 우리가 젊은 부자 관원이라 부르는 그 젊은이를 사랑했습니다.^{막 10:21} 하지만 그랬다고 해서 기준을 낮추어 그가 그리스도를 쉽게 따르도록 하시진 않았습니다. 고통받는 사람들을 단지 사랑하거나, 그들을 돕기 원하는 것만으로는 충분하지 않습니다. 우리는 하나님이 우리에게 주셨던 진리 또한 사랑해야 합니다.^{시 119:97, 살후}

---

1 Bernard of Clairvaux(1090-1153)는 프랑스 태생의 중세 영성학자, 설교자로 마르다보다 마리아의 직분을 더 사모하여 모든 시간을 하나님의 사랑에 대한 명상에 집중하며 그리스도의 인성 속에 계시된 하나님의 사랑을 깊이 연구하였다. 당시 수많은 종교적, 사회적 문제의 중재자 노릇을 하였으며, 중세 교회 개혁의 지도자로 활동하였다.*

²:¹⁰ 만일 진리와 사랑이 서로 모순된다면, 무언가 잘못된 것입니다.

우리 중 대다수가 예수님이 사람들과 우리를 사랑하신 것처럼 사람들을 사랑할 만한 능력이 없다고 고백합니다. 우리는 고린도전서 13장을 실천하기 위해 최선을 다해 노력하지만, 그것이 항상 지속되지는 않습니다. 그러나 그것은 다시금 "만들어내는 자의 정신"으로 돌아가는 것입니다. 하나님은 우리가 스스로의 힘으로 그리스도의 사랑을 만들어내길 요구하지 않으십니다. 왜냐하면 하나님은 우리가 그것을 필요로 할 때 우리 안에서 그것을 부어 주시겠다고 말씀하셨기 때문입니다.

> 우리에게 주신 성령으로 말미암아 하나님의 사랑이 우리 마음에 부은 바 됨이니(롬 5:5).
> 오직 성령의 열매는 사랑과(갈 5:22).

사역을 위해 우리에게 필요한 사랑은 자연적인 능력이 아닙니다. 그것은 오직 하나님만이 공급해주실 수 있는 초자

연적인 자질입니다. 우리가 섬기는 사람들이 우리를 화나게 하거나 실망시킬 때, 대개 우리가 하는 첫 번째 행동은 그들을 위해 기도하고 또 그들을 변화시켜 달라고 주님께 요청하는 것입니다. 그러나 우리가 가장 먼저 해야 할 일은 **우리 자신을 위해 기도하며, 우리의 사랑을 더욱 증진시켜달라고 하나님께 간구하는 것입니다.** 그렇게 하지 않으면, 우리는 사탄이 우리 마음에 자리 잡도록 여지를 두게 되고, 다음번에 우리가 그 사람들을 섬기려 할 때 문제가 발생하게 됩니다. "서로 친절하게 하며 (비록 그들이 여러분에게 친절하게 대하지 않는다 하더라도) 불쌍히 여기며 (비록 그들이 여러분을 상처 주더라도) 서로 용서하기를 하나님이 그리스도 안에서 너희를 용서하심과 같이 하라."^{엡 4:32}

사역에 있어서의 성령님의 역할에 대해서는 나중에 할 말이 더 있겠지만, 지금 이 말만은 꼭 하고 넘어갈 필요가 있습니다. 성령님은 하나님이 여러분에게 허락하시는 사역의 어떤 어려움에도 감당할 수 있도록, 적절히 도와주실 수 있습니다. 사실 하나님이 종종 문제투성이의 사람들을 여러분의 삶 가운데 들여보내시는 것은 여러분으로 하여금 여러분의 자원들을 의지하지 않고 하나님의 능력을 더욱 의지하는 법을 배우게 하시기 위함입니다.

그리스도인의 섬김과 관련해서 우리가 자주 무시하고 넘어가는 몇 가지 이유들에 대해 진실을 말해야 할 적절한 시점이 지금이라 생각합니다. 하나님은 사역에 대해서 만큼이나 당신의 사역자들에 대해서도 관심을 가지고 계십니다. 만일 하나님이 사역이 성취되는 것 자체만을 원하셨다면, 하나님은 천사들을 보내서서 그들이 우리보다 더 빨리, 더 잘 되게 하셨을 것입니다. 그러나 하나님은 우리를 통해서 무언가를 하시길 원하실 뿐 아니라, 또한 우리 안에서 무언가를 하시길 원하십니다. 이것이 바로 우리의 삶 가운데 "고슴도치들"을 출현시키는 이유입니다. 하나님은 고슴도치들을 사용하셔서 우리가 기도하고 말씀을 신뢰하도록, 또한 사랑과 은혜를 바라며 성령님을 의지하도록 자극하십니다. 성령님은 우리가 성장하여 그리스도의 형상으로 닮아가도록 하기 위해 어려운 사람들과 어려운 환경들을 사용하실 수도 있습니다.

하지만 이러한 어려움이 삶에 찾아올 때, 우리는 성장을 위해 기도하기보다는 탈출을 위해 기도하는 경향이 있습니다. 우리는 주님께 "제가 이 상황을 통해 무엇을 할 수 있겠습니까?"라고 묻기보다는 "제가 어떻게 해야 이 상황에서 벗어날 수 있겠습니까?"라고 묻습니다. 우리가 이렇게 기도하면, 하나님이 우리에게 주신 영적으로 자라갈 기회들을 놓치게 되는 것입니다.

때때로 여러분은 그만두고 싶거나, 도망가 버리고 싶기도 하겠지만, 그렇게 하는 것은 여러분이 할 수 있는 최악의 일입니다. 여러분이 사역하는 교회를 사임하거나, 여러분이 봉사하는 주일학교 일을 그만두거나, 섬기던 위원회에서 빠지거나 혹은 성가대를 그만두는 것으로는 결코 문제를 해결할 수도 없을뿐더러 여러분 마음속의 필요들도 채워지지 않습니다. 여러분은 아마도 여러분이 하게 될 다음 사역에서 똑같은 상황과 똑같은 (비록 다른 이름을 가지기는 했지만) 사람들을 만나게 될 것입니다. 왜 그렇습니까? 하나님은 당신의 일꾼들이 도망가도록 내버려 두지 않으시기 때문입니다. 하나님은 당신의 자녀들이 "그 아들의 형상을 본받게"롬 8:29 하시겠다고 단단히 결심하셨습니다. 그래서 하나님은 당신의 목적을 이루실 때까지 계속 일하실 것입니다.

힘든 상황에서 벗어나길 원하는 것이 사람입니다. 많은 성도들이 실제로 그렇게 해왔고, 더 많은 성도들이 그렇게 하기를 원했습니다. 모세는 이스라엘 백성들이 너무 힘들게 해서 죽기를 원할 정도였고,^{민 11:10-15} 엘리야 선지자는 몹시 낙심해서 자기의 직책을 버리고 광야로 들어가 그 곳에서 죽기를 구했습니다.^{왕상 19장}

레이몬드 에드만^{V. Raymond Edman}박사는² 일리노이 주에 있는 휘튼대학 학생들에게 자주 이렇게 말하곤 했습니다.

"그만두는 것은 항상 너무 이릅니다."

『인생의 훈련』^{The Disciplines of Life}이라는 그가 쓴 책 안쪽 표지에, 에드만 박사는 귀중한 조언을 이렇게 적어주었습니다.

---

2 V. Raymond Edman(1900-1967) 박사는 미국에서 스웨덴 이민자의 아들로 태어나 1923-1928년까지 에콰도르의 퀴츄아(Quichua) 인디언을 대상으로 선교사역을 했으며, 1936년부터 휘튼대학(Wheaton College)의 역사학 교수와 1940-1965년까지 휘튼대학의 4대 총장을 역임하며 교육자, 설교자, 저술가로 활동하였다. 사역하는 동안 장티푸스, 백내장, 담석, 심장병 등 여러 가지 합병증으로 고통을 겪었으며, 1967년 9월 22일 휘튼대학 채플에서 "왕의 임재 앞에서"라는 설교를 전하던 중 갑작스런 심장병으로 쓰러져 주님의 품에 안기었다.*

잊지 말게나! 항상 고개는 위로 들고, 무릎은 아래로 꿇어야 한다네!

여러분이 어디를 가든지 여러분은 문제투성이의 사람들, 문제투성이의 상황들을 만나게 될 것입니다. 그러므로 그 사람들과 그 상황들을 기대하고 받아들이겠다고 마음먹으셔서 하나님이 당신의 삶 가운데서 그들을 사용하시도록 하십시오. 사탄은 문제투성이의 사람들을 여러분을 무너뜨릴 무기로 이용하길 원하겠지만, 성령님은 여러분을 세우는 도구로써 그들을 사용하실 수 있습니다. 선택은 여러분의 몫입니다. 만일 여러분이 맡은 사역을 그만두지 않고 버티며 역사하실 하나님을 신뢰한다면, 여러분은 놀라운 방법으로 하나님의 은혜를 경험하게 될 것입니다. 그리고 여러분은 더 나은 하나님의 일꾼이 될 것입니다. 다른 사람들에게 필요한 하나님의 무한한 자원들을 발견하는 가장 좋은 방법은 여러분에게도 그러한 자원들이 필요하다는 사실과 또한 하나님이 그러한 자원들을 공급해 주실 것을 믿는 것입니다. 바울 사도는 이렇게 썼습니다.

찬송하리로다 그는 우리 주 예수 그리스도의 하나님이시요 자비의 아버지시요 모든 위로의 하나님이시며 우리의 모든 환난 중에서 우리를 위로하사 우리로 하여금 하나님께 받는 위로로써 모든 환난 중에 있는 자들을 능히 위로하게 하시는 이시로다(고후 1:3-4).

마틴 루터^{Martin Luther}는 기도, 묵상 그리고 유혹이 사역자를 사역자되게 빚어간다고 말했는데, 그의 말은 옳았습니다. 예수님은 "우리와 같이 모든 시험을 받으셔서"^{히 4:15} 우리의 필요를 충분히 이해하실 수 있으며, 적절히 그 필요들을 채워주실 수 있습니다. 그래서 우리도 종종 동일한 이유로 고난 받습니다. 선지자 에스겔은 말했습니다. "내가 델 아빕에 이르러 그 사로잡힌 백성 곧 그발 강가에 거주하는 자들에게 나아가 그들이 앉던 곳에 나도 앉았다."^{겔 3:15} 그들이 앉던 곳에 나도 앉았습니다. 이것이 바로 하나님의 은혜를 흘려보내는 사랑의 통로가 되길 원하는 진정한 예수 그리스도의 일꾼들의 모습입니다.

그리스도인의 사역에서, 사람들과의 관계에서 생기는 문

제들이 가장 견디기 힘듭니다. 그리고 가장 심각한 문제를 가진-그리고 그 문제를 야기하는-사람들이 우리를 가장 필요로 하는 사람들입니다. 우리의 사역에 대해 그 사람들이 어떻게 반응하든지 상관없이, 우리가 **사랑의 통로**가 되어야만 하는 이유가 바로 거기에 있습니다. 그 사람들이 주님이 자신들을 변화시키도록 허용하게 되기까지는 아마 상당히 오랜 시간이 걸릴 수도 있겠지요. 그리고 그런 일이 일어날 때 여러분은 아마 그 현장에 없을 수도 있을 것입니다. 하지만 개의치 마십시오. 주님은 여전히 일하고 계시며, 주님이 시작하신 일을 반드시 마치실 것입니다.[빌 1:6]

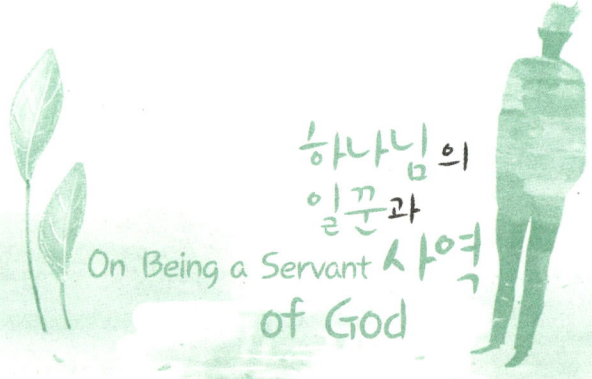

하나님의 일꾼과 사역
On Being a Servant of God

5. 하나님께 영광 돌리는 사역

지금까지 기독교 사역과 관련된 네 가지 요소 중에서 세 가지를 간단히 살펴보았습니다. 무한한 하나님의 자원, 사람들의 필요 그리고 긍휼의 통로. 네 번째 요소인 하나님의 영광은 구원과 사역이 모두 여기에 관련된 것이기에 다른 무엇보다도 중요합니다. 하나님은 "그의 은혜의 영광을 찬양하기 위해"^{엡 1:6, 12, 14} 우리를 구원해 주셨으며, "너희가 무엇을 하든지 다 하나님의 영광을 위해서 하라"^{고전 10:31}고 명령하셨습니다.

우리 섬김의 동기가 하나님의 영광이 아닌 다른 무엇이 된다면, 우리가 하는 일은 단지 종교적인 행위에 지나지 않을 것이고, 진정한 의미의 기독교 사역도 아닙니다. 우리는 여러 방면에서 사람들을 도울 수는 있겠지만, 하나님이 원하시는 일을 할 때만큼의 축복을 주시지는 못하실 것입니다. 발각되지 않는다면, 위조수표도 사람들의 손에서 손으로 전달될 때만큼은 유용하게 사용될 수 있겠지만, 결국 은행창구-즉 심판의 최종장소-에 들어올 때, 거절될 것입니다.

> 그러므로 때가 이르기 전 곧 주께서 오시기까지 아무것도 판단하지 말라 그가 어둠에 감추인 것들을 드러내고 마음의 뜻(동기)을 나타내시리니 그 때에 각 사람에게 하나님으로부터 칭찬이 있으리라(고전 4:5).

'하나님의 영광'이라는 말은 한마디로 딱 잘라 설명하기가 어렵습니다. 우리가 하는 일이 어느 시점에 정말 하나님께 영광이 되는지 어떻게 알 수 있겠습니까? 어떤 일에 있어서, 우리는 무슨 일이 일어나고 있는지 설명할 수 없을뿐더러 종종 어느 누구도 어떤 일이 일어나리라 예상하지도 못합니다. 앞에 나왔던 밥 쿡Bob Cook의 인용문을 기억하시나요?

> 만일 여러분이 무슨 일이 일어나고 있는지
> 설명할 수 있다면
> 그 일은 하나님이 하신 것이 아닙니다!

    1875년 영국의 버밍햄에서 전도자 무디$^{\text{D. L. Moody}}$ 1가 설교할 때, 저명한 회중교회 신학자요, 설교자인 데일 박사$^{\text{R. W. Dale}}$ 2도 그 집회에 함께 협력했습니다. 데일 박사는 무디의 설교를 듣고, 그 집회의 축복을 확인한 후에, 그가 속한 교단 잡지에 글을 기고했습니다. "나는 무디 목사님에게 '당신과 이 집회에서 일어난 일들 사이에 직접적인 연관성을 찾아볼 수 없는 것을 보니 정말 이 집회는 분명히 하나님이 하셨군요'라고 말했습니다. 그러자 그는 유쾌하게 웃으며 '만일

---

1 D. L. Moody(1837-1899)는 9명의 형제 가운데 여섯 번째로 메사추세츠에서 출생하였으며 어려운 가정형편 때문에 십대에 보스턴에 있는 삼촌의 구두 가게에 취업해 구두수선을 시작하였다. 1855년 그의 삼촌이 다니던 회중교회 주일학교에서 가르치기 시작하여 그의 지도 아래 1863년에 1,500명이 넘는 회중이 성경학교에 출석하게 됨에 따라 그는 자신이 하던 구두 가게를 접고, 본격적인 복음전도자로 유명한 복음가수 생키와 함께 활동하였다. 대중 복음 운동의 중흥기를 가져왔으며, 시카고에 있는 무디신학교(Moody Bible Institute)의 창시자이기도 하다.*
2 Robert William Dale(1829-1895) 박사는 영국 회중교회의 지도자며 목회자였다.*

그렇지 않았다면, 저는 정말 유감이라고 말해야 할 뻔 했군요'라고 말하더군요."³

하나님의 역사는 예측할 수 없을 때가 많습니다. 성령님의 바람은 "불고 싶은 대로 불기 때문에"요 3:8 우리는 바른 방향으로 돛을 세우도록 정신을 바짝 차려야 합니다. 우리는 기독교의 일에서는 '성공'할 수는 있겠지만, 기독교 사역에서는 '실패'할 수도 있습니다. 조지 맥도날드George Macdonald는 "하나님 없이 사람이 무엇을 하든지, 그는 비참하게 실패할 것이다. 그렇지 않다면, 그는 더욱 비참하게 성공할 것이다"라고 말했습니다. 제발 분별 있는 생각을 가지시길 바랍니다! 시편기자는 "여호와께서는 그들의 요구를 들어주셨지만 그들의 영혼은 피폐하게 만드셨다"시 106:15고 선포했습니다.

사람들이 일꾼이 아닌 주님을 바라볼 때 하나님은 영광 받으십니다. "당신의 빛을 사람 앞에 두어 비추십시오. 그들은 당신의 선행을 볼 것이며, 그때 하늘에 계신 당신의 아버지께 영광을 돌릴 것입니다."마 5:16 여러분은 일꾼이 될 것인지

---

3 A. W. W. Dale, *The Life of R. W. Dale of Birmingham* (London: Hodder and Stoughton, 1902), p. 318.

아니면 저명인사가 될 것인지, 그리스도를 드러낼 것인지 당신 자신을 드러낼 것인지를 결정해야만 합니다.^{빌 1:20-21} 우리는 항상 우리 자신의 동기를 이해할 수 없을 때가 많기에, 주님의 영광보다 다른 이유들로 인해 기독교 사역 가운데 있을 수 있습니다. 어떤 사람들은 오직 개인적인 이득을 위해 사역에 관련되어 있습니다. 아마 그들은 사역과 종종 연관되어있는 권위나 인정받는 것을 갈망하거나 또는 단순히 자신들의 재능을 드러내기 위한 기회로 삼는 것을 즐길 수도 있겠지요. 누군가가 순수하게, 전혀 이기적이지 않은 동기로 무언가 한다는 것은 의문의 여지가 있지요. 하지만 하나님의 도우심과 더불어, 우리는 그렇게 노력할 수 있습니다.

사람들이 섬기는 자가 아닌 주인을 바라볼 때 하나님은 영광 받으십니다. 호주 멜버른에 있는 어느 교회의 예배 사회자가 허드슨 테일러^{J. Hudson Taylor} 4를 아주 근사하게 소개했

---

4 J. Hudson Taylor(1832-1905) 선교사는 영국 요크셔에서 평신도 감리교 설교자인 약사 아버지와 온화한 어머니 사이에서 장남으로 출생하였다. 그는 뱃길이 닿지 않는 곳에도 선교해야 한다는 믿음을 가지고 1853년 21세의 나이로 중국에서 선교사역을 시작하였다. 이후 1865년 정식으로 중국내륙선교회를 창시하였다. 이 선교회는 1914년에 활동하였고, 세계 최대의 기독교 선교기관이 되었으며, 1934년 전성기에는 1,358명의

습니다. 이윽고 중국내륙선교회China Inland Mission의 창시자가 강단으로 들어와 나지막이 말했습니다.

존경하는 동역자 여러분, 나는 위대한 주인을 둔 미약한 종에 불과합니다.

고인이 된 토저A. W. Tozer 5 역시 이와 유사한 방식으로 회중에게 소개되었을 때 그의 반응은 이랬습니다.

여러분께 제가 드리고 싶은 말씀은 다만 이것입니다. 좋으신 하나님, 방금 한 그의 말을 용서해주시고, 그 찬사를 한없이 즐긴 제 자신을 용서해 주십시오!6

선교사가 이 단체에서 활동하였으며, 이후 1950년 중국 공산당이 정권을 잡자 다른 선교단체들과 함께 중국에서 추방되었다. 1964년 중국내륙선교회는 해외선교회(Overseas Missionary Fellowship)로 바뀌어 여전히 아시아 선교에 주력하고 있다.*

5 A. W. Tozer(1897-1963)는 기도 생활을 그 무엇보다도 중시한 미국의 기독교 목사, 설교가, 작가, 잡지 편집인, 성경교사 그리고 영적 지도자로, 40여 권의 기독교 고전을 집필했으며 정규 신학교육을 받지 않은 채 목회를 시작하였다. 이후 휘튼대학(Wheaton College)에서 명예박사학위를 수여받았다.*

6 James L. Snyder, *In Pursuit of God: The Life of A. W. Tozer* (Camp Hill, Penn.: Christian Publications, 1991), p. 209.

하나님은 그의 영광에 대해 질투하십니다.

> 나는 여호와이니 이는 내 이름이라 나는 내 영광을 다른 자에게, 내 찬송을 우상에게 주지 아니하리라(사 42:8).

이사야의 시대에는 이스라엘의 원수들이 섬기는 헛된 신을 섬기는 우상숭배가 가장 큰 문제였으며, 그 문제는 오늘날에도 여전히 우리 곁에 있습니다. 정치 입후보자들이 텔레비전에 등장할 때, 그가 속한 팀의 가장 중요한 인물은 연설문 작성가가 아니라 그 후보자를 시청자들에게 '팔 수' 있는 홍보 전문가, 즉 이미지 연출가입니다. 여러분의 인격과 일보다도 여러분의 '이미지'에 관해 더욱 신경 쓰고 있는 당신 스스로를 발견할 때, 하나님께 영광을 돌려드리는 일은 이미 중단된 것입니다.

여러분의 섬김이 열매 맺을 때, 하나님은 영광을 받으십니다. 예수님은 말씀하셨습니다. "너희가 열매를 많이 맺으면 내 아버지께서 영광을 받으실 것이요."요 15:8 '열매'와 '결과'는 같지 않습니다. 여러분은 성공이 보장된 방식과 사람들을 이용하거나 또는 여러분의 카리스마를 드러냄으로 '결과물'을 얻을 수도 있겠지요. 하지만 '열매'는 생명으로부터 나옵니다. 생명의 성령님께서 생명의 말씀을 통해 일하실 때, 뿌려진 씨앗이 열매를 맺습니다. "그래서 열매가 더 많은 열매를 위한 씨를 그 안에 가지게"^{창 1:11-12} 되는 것이지요. '결과물'은 계산되고 이내 통계 속에 파묻히겠지만, 살아있는 '열매'는 남아서 하나님의 영광을 지속적으로 배가시킬 것입니다.^{요 15:16}

여러분의 섬김이 하나님께 영광 돌려지는 증거를 한 가지 더 알려드리고자 합니다. 그것은 여러분이 하는 일에 대해 원수들이 대적하는 것입니다. 바울은 공표했습니다. "내게 광대하고 유효한 문이 열렸으나 대적하는 자가 많음이라."^{고전 16:9} 기회들과 대적들은 대개 양립하며, 대적들은 새로운 기회들을 창조해 낼 수 있습니다. 사탄은 자신들을 드러내며, 육신에 의존하는 사람들을 고무시킵니다. 사탄은 성령님이 일하시므로 예수 그리스도께 영광이 돌려지는 순간을 가장 싫어합니다.

사역에 있어서 문제들은 여러분에게 두 가지 기회로 나타날 것입니다. 하나는 하나님께 영광 돌리는 기회이며, 또 다른 하나는 여러분 자신을 영화롭게 하는 기회입니다! 출애굽기 32장에 기록된 모세의 경험은 이 진리를 잘 보여줍니다. 모세가 산 위에서 하나님으로부터 지시를 받는 동안, 이스라엘 백성들은 조급해져서 아론에게 자신들을 위해 새로운 신을 만들어 줄 것을 요구했습니다. 아론은 금송아지를 만들었고, 사람들은 우상숭배뿐 아니라 음행이 결부된 축제를 벌였습니다.

물론 하나님은 무슨 일이 진행되고 있는지 아셨고, 모세에게도 알려주셨습니다. "너는 내려가라 네가 애굽 땅에서 인도하여 낸 네 백성이 부패하였다."[7절] 그때 하나님은 하나의 제안을 하시며 모세를 시험했습니다. 하나님이 이스라엘을 진멸하시고, 모세와 그의 후손들을 통해 새롭고도 위대한 나라를 세울 것이라 말씀하십니다.[10절] 미성숙한 사람은 새로운 나라의 창시자가 되기 위한 기회를 잡기 위해 도약하려 했겠지만, 모세는 이 제안을 거절합니다. 대신 모세는 하나님의 백성들을 용서해 줄 것을 주님께 간청합니다. 왜냐하면 모세의 최대 관심사는 주님의 영광뿐이었기 때문입니다. 실제로 모세는 기꺼이 자신의 생명을 바치길 마다하지 않았고, 그 결과

로 이스라엘 백성들은 생명을 부지하게 되었습니다.[30-35절]

마치 여러분 자신이 섬기는 사람들을 위해 여러분이 겪고 있는 고통의 몸부림을 사람들이 모르는 것과 같이 이스라엘 백성들도 산 위에서 자신들을 위해 모세가 싸웠던 그 전쟁을 모릅니다. 하지만 여러분이 오직 하나님의 영광만을 위해 살며, 섬길 때 개인적인 희생은 중요한 것이 되지 않습니다.

예수님이 하나님께 말씀하셨던 것처럼 여러분과 내가 하늘 아버지께 동일하게 말 할 수 있는 그날이 올 것을 나는 믿습니다. "나는 이 땅에서 당신을 영화롭게 했습니다. 당신이 나에게 맡기신 그 일을 다 이루었습니다."[요 17:4]

항상 주의해서 이 말씀을 기억하시기 바랍니다.

> 그런즉 너희가 먹든지 마시든지 무엇을 하든지 다 하나님의 영광을 위하여 하라(고전 10:31).

6. 부르심에 신실한 사역

지금까지 사역의 기본에 대해 내가 제안한 정의 가운데에서 살펴봤지만, 좀 더 많은 설명이 필요한 것 같군요. 우리는 이제 다양한 기독교 사역의 측면에서 이 원리들을 적용하여, 여러분 자신의 삶 가운데 실제로 이 원리들을 사용할 수 있어야 합니다.

나는 지금까지 사역은 하나님을 위하여 우리가 무언가를 하는 것이 아니라, 우리 안에서 그리고 우리를 통해 하나님이 일하신다는 사실을 강조해 왔습니다.

너희 안에서 행하시는 이는 하나님이시니 자기의 기쁘신 뜻을 위하여 너희에게 소원을 두고 행하게 하시나니(빌 2:13).

여기서 '행하심'과 '뜻하심'은 모두 하나님으로부터 나오는 것입니다. 하나님이 우리를 부르셔서 맡기신 일이 무엇이든지 간에, 우리는 그분의 도우심으로 모든 것을 할 수 있습니다. 그렇지 않다면, 그분은 결코 우리를 부르시지 않으셨을 것입니다. "너희를 부르시는 이는 미쁘시니 그가 또한 이루시리라." 살전 5:24

하나님이 모세를 사역으로 부르셨을 때, 출 3-4장 모세는 하나님이 원하시는 일을 자신이 감당할 수 없다고 느꼈기 때문에 그 부르심에 저항했습니다. 그는 되물었습니다. "내가 누구이기에 바로에게 가며 이스라엘 자손을 애굽에서 인도하여 내리이까?" 출 3:11 모세는 "말하는 것도 느리고 혀도 둔하다고" 출 4:10 주장했지만, 하나님은 당신이 모세의 혀를 만드셨고 그가 말 할 것도 쉽사리 가르쳐 주실 수 있다고 일깨워 주셨습니다.

그런 저항은 유별난 것도 아닙니다. 무엇보다도, 하나님의 일꾼이 된다는 것과 그분의 뜻을 행한다는 것은 정말 두

렵고 떨리는 일입니다. **공동기도문**The Book of Common Prayer **1**에 나온 것처럼, 기독교의 섬김은 결혼과 같이 "가볍게 또는 부주의하게 진행되어서는 안 되며 신중하며, 차분하게 그리고 하나님을 경외함 가운데" 이루어져야 합니다. 하지만 하나님의 부르심에 저항한다는 것은 하나님의 부르심을 거절하는 것과는 현저히 다른 차원의 일입니다. 요나 선지자는 하나님의 부르심을 거절했습니다. 그래서 하나님은 그가 어쩔 수 없이 "예"라고 말할 때까지 그를 포기하지 않으셨습니다. 마침내 "예"라고 순종하기까지 요나 선지자가 지불했던 대가가 얼마나 큰지 여러분 모두 잘 아실 것입니다!

만일 하나님이 여러분을 섬기는 자로 부르셨다면, 여러분의 사역이 어떤 것이든지, 하나님은 실수하지 않으신 것입니다. 하나님은 그분 자신이 행하시는 것이 무엇인지 알고 계시기 때문에, 여러분이 할 수 있는 최선의 일은 그분의

---

1 공동기도문: 영국국교회 최초의 기도서인 영문 영국국교회 기도서는 캔터베리 대주교 토머스 크랜머(Thomas Cranmer)에 의해서 1549년 성령강림주일에 처음으로 등장했다. 당시 크랜머 대주교는 영국국교회 신자들이 이해하기 어려운 라틴어가 아닌, 일상 언어인 영어로 감사성찬예식을 드리기 위한 목적으로 이 기도문을 만들었다.*

뜻에 감사하게 순종하는 것이며, 일을 행하실 하나님을 신뢰하는 것입니다.

하나님은 그분의 일꾼들을 부르시기 이전에 그들을 항상 준비시키실 뿐 아니라, 이 준비는 그의 일꾼들이 출생하기 훨씬 오래 전부터 시작됩니다. 심지어 여러분의 유전자 구조까지 하나님이 미리 정하신 것입니다! "내가 너를 모태에 짓기 전에 너를 알았고," 하나님은 두려워 떠는 젊은 예레미야에게 말씀하셨습니다. "네가 배에서 나오기 전에 너를 성별하였고 너를 여러 나라의 선지자로 세웠노라."렘 1:5 그래서 다윗은 이렇게 찬양할 수밖에 없었습니다.

> 주께서 내 내장을 지으시며
> 나의 모태에서 나를 만드셨나이다
> 내가 주께 감사하옴은
> 나를 지으심이 심히 기묘하심이라
> 주께서 하시는 일이 기이함을 내 영혼이 잘 아나이다
> 내가 은밀한 데서 지음을 받고
> 땅의 깊은 곳에서 기이하게 지음을 받은 때에

나의 형체가 주의 앞에 숨겨지지 못하였나이다

내 형질이 이루어지기 전에 주의 눈이 보셨으며

나를 위하여 정한 날이 하루도 되기 전에

주의 책에 다 기록이 되었나이다(시 139:13-16).

유년 시절 내내, 나는 다른 남자 아이들이 가진 재능들을 가지고 있지 못했기 때문에 좌절감을 느끼곤 했는데, 특히 운동과 손재주가 그러했습니다. 나는 모든 팀에서 제일 마지막으로 지명되는 아이였고, 중학교의 만들기 과목은 주로 선생님들이 형들의 공예품을 좋아했기 때문에 통과되었습니다. 정말이지 그 학창시절 수년 동안은 나에게 고통의 시간이었고, 때로는 너무 비통했던 시간도 있었습니다. "하나님! 왜, 하필 저입니까?"

하지만 하나님은 나를 운동선수나 목공예자, 또는 기계 기술자가 되도록 준비시키지 않으셨습니다. 하나님은 내가 설교자와 작가가 되길 원하셨기에 나의 유전적 구조를 계획하셨을 때 그렇게 정하셨던 것입니다. 하나님은 여러분을 위해서도 동일하게 그렇게 하셨으며, 그분께서 행하셨던 바를 알고 계십니다. 따라서 우리가 가지지 못한 것에 대해 불평하는 대신에 도리어 가지고 있는 것에 대해 감사드리며, 하나님이 우리에게 그것을 주신 이유를 찾아보아야 합니다. 여러분의 재능과 관심사는 여러분의 삶을 위해 하나님의 뜻을 이루시기 위한 소중한 자산입니다.

이러한 요점은 두 번째 고려사항으로 우리를 인도합니다. 사역 가운데, 여러분은 여러분 자신이 되어야만 합니다. 오늘날 교회 사역 가운데 일어나는 비극 중의 하나는 너무나도 많은 사람들이 하나님이 원하시는 사역의 방법을 택하기보다는 '대단한 인물들'을 자꾸 모방하려고 한다는 점입니다. 여러분은 여러분 자신과 여러분이 할 수 있는 능력에 있어서도 독특하고 특별합니다. 그래서 하나님은 여러분이 다른 누군가와 같이 되고자 함으로 인해 여러분 자신의 독특함이 상실되는 것을 원치 않으십니다. 물론 우리는 서로서로 배울 수 있으며, 하나님의 특별한 사역자들에 대해 감사하고, 그들에 의해 영감을 받고, 지도 받는 것은 전혀 잘못된 것이 아니지요. 하지만 하나님은 우리가 그들을 모방하려는 것과 그래서 우리 자신들만이 할 수 있는 특별한 사역이 상실되는 것을 결코 원하시지 않으십니다!

여러분 자신이 되십시오! 가장 최선의 여러분 자신이 되십시오! 그때 하나님은 특별한 방법 가운데 여러분을 사용하실 것입니다.

이제 세 번째 제안입니다. 여러분의 장점을 강화시키고, 여러분의 약점을 보완할 수 있는 돕는 자를 보내달라고 하나님께 요청하십시오. 어느 누구도 완전하지 않으며, 모든 것을 다 잘하는 사람은 아무도 없습니다. 성가대원을 잘 연습시키며 화려한 콘서트를 연주하는 은사를 가진 음악가들은 있지만 그들은 예산을 짜고 집행하는 일에는 익숙하지 않습니다. 내 친구 가운데 한 사람은 단상 위에서는 최고의 설교자였지만, 상담실 안에서는 정말이지 형편없었습니다. 모든 설교자가 좋은 행정가는 아니며, 탁월한 선교사들도 모두 재능 있는 설교자들은 아닙니다. 여러분의 한계를 인정한다는 것은 수치가 아닙니다. 오히려 그것을 강화시킬 수 있도록 도움을 구하십시오.

> 내게 주신 은혜로 말미암아 너희 각 사람에게 말하노니 마땅히 생각할 그 이상의 생각을 품지 말고 오직 하나님께서 각 사람에게 나누어 주신 믿음의 분량대로 지혜롭게 생각하라(롬 12:3).

우리는 모두 다른 관심사와 재능을 가지고 태어났으며, 우리가 구원받을 때 각각 다른 은사들이 우리들에게 주어집니다. 나는 하나님이 우리의 선천적인 재능들과 더불어 영적 은사를 조화되게 해주신다고 믿습니다. 그래서 우리는 하나님이 원하시는 우리 각자를 위해 예비하신 임무를 감당할 수 있는 것입니다. 바울 사도는 이점을 분명히 말했습니다.

> 그러나 이제 하나님이 그 원하시는 대로 지체를 각각 몸에 두셨으니 만일 다 한 지체뿐이면 몸은 어디냐(고전 12:18-19).

우리 인간의 본성 가운데에는 다른 사람이 가진 것을 가지길 원하는 성향이 있습니다. 복음 전도자는 신학자가 되길 원하고, 성가대원은 설교하기를 원하고, 또 설교자는 찬양하기를 원합니다! 어떤 다섯 달란트를 받은 사람들은 많은 일을 할 수 있고, 또 더 많은 일을 하기 위해 경건한 야망을 가지는 것은 전혀 잘못된 것이 아님을 인정해야 합니다. 하지만 우리들 중의 대부분은 하나님이 우리에게 주신 하나 혹은 두 달란트를 가지고 신실한 자가 되는 것에 만족해야 합니다. 만일 우리가 신실하게 일한다면, 다섯 달란트를 가지고 신실하게 일 한 사람과 다를 바 없이 똑같이 동일한 상급을 받을 것입니다. 우리가 한 가지 확실히 알아야 할 것은, 우리가 얼마나 많은 것을 가지고 시작했느냐가 아니라, 마지막 날에 우리가 무엇을 보여드릴 수 있는가 하는 것입니다.

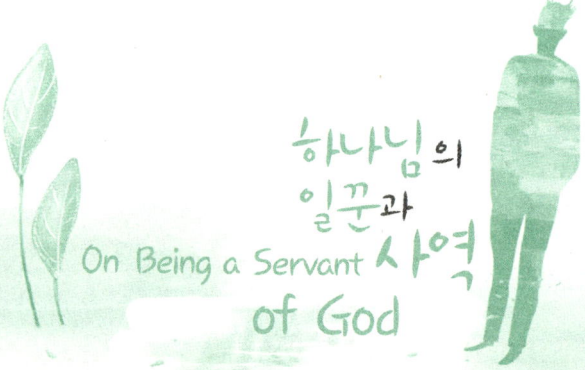

하나님의 일꾼과 사역
On Being a Servant of God

7. 그리스도께 초점을 맞추는 사역

우리 사역자들은 우리 자신들보다 다른 사람들을 우선적으로 고려해야 하고, 다른 사람들보다 주님을 더 우선순위에 두어야 합니다.

> 예수를 위하여 우리가 너희의 종 된 것을(고후 4:5).

이 말씀은 여러분에게 적절한 우선순위에 대해 알려줍니다. 세 명의 인격체가 사역 가운데 결부되어 있습니다. 주님, 사역자 그리고 사역의 대상이 되는 사람. 이 가운데 주님이 첫 번째가 되어야 합니다.

나는 모세가 제사장들에게 그들은 무엇보다 "주님을 섬기는 직분의 사람들입니다"라고 언급하는 구절을 모세가 기록한 율법 가운데서 최소한 11군데 정도 발견할 수 있었습니다.^{특히 출 28:1, 3, 4, 41} 분명히 제사장들은 희생제사를 드림으로, 하나님의 말씀을 가르침으로 그리고 사람들의 각종 문제들을 중재함으로 사람들을 섬겼습니다. 그러나 제사장들의 가장 우선적인 책임은 하나님을 섬기는 것이었지, 사람들을 섬기는 것이 아니었습니다.

우리는 신약성경에서도 이와 동일한 강조점을 발견합니다. 성령님께서 바나바와 바울을 선교사역으로 부르셨을 때 그들은 안디옥에 있는 교회에서 주님을 섬기고 있는 중이었습니다.^{행 13:2} 우리를 안내하는 말씀은 이것입니다.

> 무슨 일을 하든지 마음을 다하여 주께 하듯 하고 사람에게 하듯 하지 말라 이는 기업의 상을 주께 받을 줄 아나니 너희는 주 그리스도를 섬기느니라(골 3:23-24).

이 순서에 있어서도 그리스도가 첫 번째요, 다른 사람들이 두 번째 그리고 우리 자신은 마지막입니다.

섬김에 있어 예수님께 초점을 맞춘다는 것은 여러분의 사역에 있어서 큰 차이를 만들어 낼 수 있습니다. 그 한 가지 예로, 여러분은 자신의 일을 감당하는 데 있어 동기부여가 될 것이며 그 일을 회피하려 하지 않을 것입니다. 만일 여러분이 오직 사례비만을 받기 위해 사역한다면, 여러분이 받는 금액이 부족하다고 스스로 생각하고 있는 한 여러분은 결코 최선을 다하지 않을 것입니다. 만일 여러분이 인정만을 얻기 위해 사역한다면, 사람들이 여러분에게 감사를 표현하지 않을 때에는 더 이상 열심히 일하고 싶지 않을 것입니다. 여러분이 폭풍 속을 뚫고 지나갈지라도, 맡겨진 임무를 계속 할 수 있도록 하는 유일한 동기는 다름 아닌 "나는 예수 그리스도를 섬기고 있습니다"라는 것입니다. 바울 사도는 그 자신을 '예수 그리스도의 노예'라 불렀으며, 여러분도 아시다시피 노예들에게는 "아니요"라고 말할 특권이 없었습니다.

예수 그리스도를 우선순위에 두고 섬길 때 나타나는 또 다른 결과는 여러분이 최선을 다해 일하기를 원한다는 것입니다. 말라기 선지자 시대의 부주의한 제사장들은 하나님께 자신들이 가진 최선의 것을 드리지 않았기에 하나님은 그 이유로 제사장들을 혹독히 책망했습니다. 제사장들은 온전하지 않은 동물들인 '눈 먼 것, 훔친 것, 저는 것 그리고 병든 것'들로 희생제사를 드렸습니다.^{말 1:8, 13} 하나님은 그들을 몹시 책망했습니다.

> 그것을 너희 총독에게 드려 보라 그가 너를 기뻐하겠으며 너를 받아 주겠느냐(말 1:8).

우리들 대부분은 우리가 정말 사랑하는 사람, 우리에게 소중한 의미를 지닌 사람들을 위해 무언가를 할 때에는, 가장 좋은 것을 주기 위해 최선을 다한다는 것입니다. 어떤 요구도 문제되지 않고, 어떤 희생도 마다하지 않을 것입니다. 야곱이 그의 아내 라헬을 얻기 위해 칠 년 동안을 수고할 때에도, 그 칠 년 동안의 고역은 "야곱이 라헬을 진정 사랑하는 까닭에 며칠처럼 느껴졌습니다."^{창 29:20}

"저는 결코 희생한 적이 없습니다." 선교사 데이비드 리빙

스톤David Livingstone 1은 말했습니다. "우리를 위하여 자신을 내어주시고 가장 높은 하늘 아버지의 보좌를 떠난 예수님이 행하신 그 가장 위대한 희생을 기억한다면, 우리는 결코 '희생'이라는 말을 언급해서는 안 됩니다."2 52세의 나이에 모든 것을 뒤로한 채 스터드C. T. Studd 3 선교사는 아프리카로 갔고, 사람들은 그를 두고 어리석었다고 빈정거렸습니다. 스터드의 대답은 이것이었습니다. "만일 예수 그리스도께서 하나님이셨고 그런 분이 나를 위해 죽으셨다면, 그분을 위한 나의 어떠한 희생도 결코 크다고 할 수 없습니다."4

---

1 David Livingstone(1813-1873) 선교사는 스코틀랜드에서 태어나 중국 선교를 위한 준비 과정으로 글래스고대학(University of Glasgow)에서 약학과 신학을 공부하였으나, 아편 전쟁으로 중국의 문이 닫히자 런던선교부 소속으로 회중교회 의료선교 개척자로 아프리카 내륙으로 들어가서 그곳에서 생애 전반에 걸쳐 선교를 위한 탐사와 선교사역을 감당하였다.*

2 Frank S. Mead, *The Encyclopedia of religious Quotations* (Old Tappan, N. J.: Revell, 1965), p. 391.

3 C. T. Studd(1860-1931) 선교사는 부유한 영국의 가정에서 태어나 케임브리지 재학 당시 가장 뛰어난 영국의 크리켓 선수로 활동하였다. 하지만 선교사역에 헌신하여 부와 명예를 모두 버리고, 중국선교 10년, 인도선교 6년을 마치고, 아프리카에서 18년 동안 사역하다 마지막 임종을 선교지인 콩고에서 맞이하였다. 세계선교에 대한 그의 열망은 현재 WEC 국제선교회(Worldwide Evangelization Crusade)를 통해 열매를 맺고 있다.*

4 Norman Grubb, *C. T. Studd, Athlete and Pioneer* (Grand Rapids, Mich.:

여러분의 사역 가운데 예수님을 첫 번째 자리에 놓으며, '주님께 하듯이' 여러분의 일을 감당할 때, 여러분은 더욱 최선을 다해 일하게 되며 여러분의 짐도 더욱 더 가벼워집니다. 달란트 비유에서 한 일꾼이 말한 것과 대조적으로, 예수 그리스도는 사람들이 해야 할 일을 아주 힘들게 만드는 그런 '굳은 사람'이 아닙니다.^{마 25:14-30} 왜냐하면 "나의 멍에는 쉽고 나의 짐은 가볍다"는 것이 예수님의 약속이며^{마 11:30} 그 말씀은 사실이기 때문입니다.

나는 내가 아는 다른 어떤 사람들보다 예수 그리스도를 나의 주인으로 섬기길 원합니다. 예수님은 나를 사랑하시고, 나의 모든 것을 아시고, 나를 지으셨고, 나의 미래를 아실 뿐 아니라 내가 기꺼이 그리고 열매 맺을 수 있도록 그분을 섬기기에 필요한 능력을 주시는 분이십니다. 내가 실패할 때에도, 예수님은 나를 용서해 주시고, 다시 시작하도록 나를 도와주시는 분입니다. 예수님은 결코 나를 떠나거나 버리지 않으시며, 예수님은 오히려 내가 그런 대접을 받을

Zondervan, 1946), p. 129.

자격이 없음에도 은혜가 넘치도록 나에게 보상해주십니다.

여러분은 예수님 그분보다 더 나은 주인을 바랄 수 있겠습니까?

여러분이 사역 가운데 예수님을 첫 번째 자리에 올려놓을 때, 나타나는 다른 현상 중의 하나는, 여러분은 다른 그리스도인들이 하는 일이나 하나님이 그들에게 행하시는 일을 주시하며 판단하는 것을 멈추게 될 것입니다. 사람들을 지켜보는 것은 우리 기독교 사역자들에게 인기 있는 기분전환은 되겠지만 그것은 위험한 행위입니다. 만일 여러분이 믿음의 눈을 그리스도께 고정하고, 예수님만을 기쁘시게 하기 위해 집중한다면, 여러분은 다른 사람들을 지켜볼 시간도 없을 것이고, 지켜볼 생각조차도 하지 않게 될 것입니다.

포도원에서 섬기던 일꾼들의 비유^{마 20:1-16}를 다시 한 번 읽어봅시다. 그 이야기는 "우리가 장차 얻게 될 것이 무엇입니까?"^{마 19:27}라는 베드로의 질문에 대해 예수님이 답하신 것입니다. 먼저 고용된 일꾼들은 두 가지 실수를 범했습니다. 그들은 약정된 임금을 요구했고, 그들의 요구대로 그 임금을 받았을 때, 자신들이 받은 임금에 대해 불평했습니다. 왜 그랬습니까? 왜냐하면 그들은 다른 일꾼들이 얼마나 오랫동안 일하는지 그리고 그들이 얼마의 임금을 받는지를 유심히 지켜보았기 때문입니다. "나중 온 이 사람들은 한 시간밖에 일하지 아니하였거늘 그들을 종일 수고하며 더위를 견딘 우리와 같게 하였나이다"마 20:12라고 그들은 불평했습니다.

하나님이 여러분에게 주신 것보다 더 많은 것을 다른 사람들에게 주신 이유로 인해 불평해 본적이 있으십니까? 아마 그 사람들은 여러분이 일하는 것만큼 열심히 일하지 않는 것처럼 보일 수도 있으며, 또는 여러분이 주님을 위해 오랜 시간 동안 섬긴 것만큼 그들은 기독교 사역을 오래 하지 않았을 수도 있습니다. 그런데 하나님은 여러분을 제쳐 두시고, 그들에게 여러분보다 더 풍성하게 보상하신 것입니다! 사탄은 이와 같은 상황들을 이용함으로 여러분의 발목을 잡아 여러분을 분하게 만들고, 여러분의 사역 가운데 문젯거리를 만들어 낼 수 있습니다.

하지만 만일 여러분이 오직 예수님만을 위해 섬긴다면, 여러분은 다른 일꾼들이 하는 일, 또는 하나님이 그들에게 행하시는 일로 인해 마음 쓰지 않게 될 것입니다. 더구나 여러분이 받아야 할 적절한 몫을 확실히 보장받기 위해 하나님과 계약을 체결하려는 노력 같은 것도 하지 않을 것입니다. 그럼에도 불구하고 여러분이 계속 하나님과 계약하려고 애쓴다면, 여러분은 손해 보는 사람이 될 것입니다. 왜냐하면 하나님은 그분만의 계약서를 쓰시도록 그분을 인정하는 사람들에게 여전히 자신의 가장 좋은 것을 주시는 분이시기 때문입니다.

수년 전에, 나는 비유에 등장하는 그 일꾼들같이 하나님이 나를 잘못 대하고 계시며, 내가 지켜본 다른 사역자에게 더 많은 축복을 주시는 점에 대해 불평하면서 괴로워하고 있는 나 자신을 발견했습니다. 어느 주일 오전, 담임목사님이 출타하신 관계로, 당시 덴버에 있는 보수 침례신학교의 총장인 그라운즈 박사Vernon Grounds [5]가 초청강사로 오셨습니다. 그가 준비한 본문을 읽을 때, 나는 피폐한 내 자신을 보

---

5 Vernon Grounds(1914-2010) 박사는 미국의 뉴저지에서 출생하여 10년 동안 뉴저지에 있는 Gospel Tabernacle in Peterson에서 목회하였고, 1945-1951년 동안은 뉴욕의 King's College에서 교수하였다. 1951년 Denver Conservative Baptist Seminary에서 교수 사역과 총장을 역임하고 이후 Denver신학교에서 1979년 은퇴하였으나 사망 전까지 Denver신학교의 명예교수로 다양한 활동과 저술활동을 하였다.

게 되었습니다. "그것이 너와 무슨 상관이냐? 너는 나를 따라오라!" 요 21:22 본문을 강해하며, 그라운즈 박사는 그 구절을 계속 되풀이해서 인용했습니다. 그리고 그가 구절을 매번 인용할 때마다, 그 말씀은 나의 심장을 깊숙이 찔렀습니다. 나는 바로 그 예배당의 의자에서 하나님과 개인적인 시간을 가져야만 했고, 베드로처럼 '내가 그리스도께로부터 눈을 돌려 다른 사람들만 주시하였습니다'라고 고백하며 회개해야만 했습니다. 그 후로도, 나에게 불평의 유혹이 찾아올 때마다, 그 본문이 나를 상기시켜주었고, 나의 초점을 예수님께로 맞출 수 있도록 도와주었습니다.

사역은 쉽지 않습니다. 하지만 만일 여러분이 주님 되신 예수 그리스도 대신에 사람들을 섬긴다면, 여러분은 스스로 사역을 더욱 어렵게 만드는 것입니다. 여러분은 결코 모든 사람들을 기쁘게 할 수 없습니다. 그러니 그럴 시도조차 아예 하지 마십시오. 단지 여러분의 주인이 "너는 나를 가장 기쁘게 하는 나의 충성스러운 종이다"라고 말씀하실 수 있도록 그렇게 살며 섬기시길 바랍니다.

8. 하나님이 인도하시는 사역

나는 하나님이 그의 자녀들 한 사람 한 사람에 대해 특별한 계획을 가지고 계실 뿐 아니라 우리와 더불어 그분의 계획을 나누며, 우리가 그 계획을 이루도록 도와주신다고 확실히 믿고 있습니다. 최소한 그런 방식으로 저는 에베소서 2:10에 있는 바울 사도의 말씀을 이해합니다.

> 우리는 그가 만드신 바라 그리스도 예수 안에서 선한 일을 위하여 지으심을 받은 자니 이 일은 하나님이 전에 예비하사 우리로 그 가운데서 행하게 하려 하심이니라(엡 2:10).

이 본문을 두고 설교한 캠벨 모건G. Campbell Morgan 1은 다음과 같이 말씀했습니다.

> '선한 일을 위하여'는 단지 소위 기독교 사역으로 불리는 특별한 활동만을 가리키는 좁은 의미가 아니라 삶 전체를 의미하는 것이며…하나님은 그 사람을 지으시는 동안, 그 사람이 해야 할 일도 미리 정해 두셨다. 그분께서는 내가 가야 할 그 장소를 나보다 앞서 미리 준비하셨으며, 내가 하는 일이 전적으로 그분의 위대함과 영광을 드러내는 일의 한 부분이 되도록 우주의 모든 자원들을 만지셨다.[2]

하나님은 현재의 나를 그런 방식으로 지으셨기 때문에, 시편 139편은 하나님은 틀림없이 그런 관점 가운데 목적을 가지고 계신 분임을 가르쳐 주는 것 같습니다. 우주의 모든 것은 어떤 신성한 목적을 수행합니다. 그리고 그 목적에 있어서 하나님의 형상대로 지음 받고, 그 아들의 희생으로 인

---

1 G. Campbell Morgan(1863-1945) 목사는 영국 태생의 탁월한 복음전도자, 설교자, 성경학자로 영국에 있는 웨스트민스터교회에서 1904-1919와 1933-1943년 동안 목회하였다.*

2 G. Campbell Morgan, *The Westminster Pulpit* (London: Pickering and Inglis, n.d.), 1:243, 247.

해 구속함을 받은 우리들이 제외되어야 한다는 것은 적절하지 않게 보입니다. 다마스커스의 성자 요한[John of Damascus 3]은 섭리를 '모든 존재하는 것을 다루시는 하나님의 관여하심'으로 정의 내렸습니다. 만일 하나님 앞에서 한 마리의 참새도 잊혀진 존재가 아니라면,[눅 12:6] 확실히 하나님 아버지는 그분의 자녀들을 책임지실 뿐 아니라 인도하십니다!

에베소서에서 사도 바울의 말씀은 운명론을 가르치지 않습니다. 하나님의 뜻에 대한 순종은 여러분에게 날개를 달아주는 것이지, 족쇄를 채우는 것이 아닙니다! 여러분의 삶을 위해 하나님이 예비해 두신 그 계획을 여러분이 수행할 때, 여러분은 최고의 자유함을 경험하게 됩니다. 이 하나님의 계획은 당신이 불순종할 때 파기되거나 결코 회복될 수 없는 엉망진창인 삶이 되어 당신을 떠나가거나 하는 그런 몰인정한 기계가 아닙니다. 에베소서 2:10에서 하나님은 기

---

3 John of Damascus(676-749)는 다마스커스의 국가 재정을 담당하는 정부 고위직의 부유한 기독교 가정에서 태어났으나, 이후 그 지역을 통치하던 아랍인들이 기독교에 대한 관용 정책을 포기하자 관직을 내려두고, 예루살렘 근처의 마르 사바(Mar Saba) 수도원으로 가서 평생 수도 생활을 하였다. 희랍의 마지막 교부로서 동방교회의 가장 뛰어난 시인 중의 한 명으로 꼽히고 있다.*

계조작자가 아니라 토기장이로 묘사되어 있습니다. 만일 진흙이 순종하기를 거부한다 해도, 토기장이는 포기하지 않습니다.

> 진흙으로 만든 그릇이 토기장이의 손에서 터지매 그가 그것으로 자기 의견에 좋은 대로 다른 그릇을 만들더라(렘 18:4).

모세는 동족인 한 유대인을 변호해 주는 것으로부터 그의 사역을 시작했고, 곧 자신의 목숨을 부지하기 위해 도망갔지만, 하나님은 그를 다시 빚으셨습니다. 어려운 상황이 닥쳤을 때 아브라함은 이집트로 내려갔었고, 두 번씩이나 그의 아내에 관해 거짓말했지만 하나님은 그를 다시 빚으셨습니다. 이삭도 그의 아내에 대해 거짓말 했었고 야곱도 그의 인생 내내 줄곧 계략을 꾸며왔지만, 하나님은 그들을 다시 빚으셨습니다. 그리고 이들 모두는 히브리 민족을 이룬 족장들이 되었습니다!

우리가 사도들의 삶을 자세히 들여다보아도, 그 기록들이 별로 더 나아지지 않습니다. 그리스도를 세 번씩이나 부인함으로 절정에 다다른 베드로의 실패들에 대해 우리 모두는 잘 알고 있습니다. 이에 반해 사마리아의 온 마을을 파괴하기 위해 하늘에서 불을 내려주기를 요청한 야고보와 요한은 어떻습니까? (예수님은 그들에게 '우뢰의 아들들'이라는 별명을 붙이지 않았습니까!) 또한 사도들이 자기들끼리 누가 더 큰 자인지를 놓고 다투었던 시절도 잊지 말아야겠지요. 이런 모든 일들은 일어나지 않았어야 했지만, 어쨌든 그들은 그랬습니다. 그럼에도 불구하고 이들의 실패가 하나님의 목적을 완성하는 것을 결코 중단하지 못했습니다. 왜냐하면 하나님은 이들을 다시 빚으셨으며, 놀라운 방식으로 그들을 사용하셨기 때문입니다.

자, 우리 모두가 지나친 자만심을 가지거나 하나님이 진노하시는 것을 원치 않는다면, 예레미야 19장을 읽으며, 선지자가 부분적으로 보수하는 대신 그 토기그릇을 완전히 깨뜨리는 것을 주목하여 볼 필요가 있습니다. 하나님의 일꾼이 하나님께 저항하여, 의도적으로 그들이 "귀히 쓰는 그릇이 되어 거룩하고 주인의 쓰심에 합당하며 모든 선한 일에 준비함이 되는"담후 2:21 토기로 빚어지기를 중단케 만드는 것은 얼마든지 가능합니다. 삼손과 사울 왕에게 그런 일이 일어났으며, 그러기에 하나님은 그들을 역사의 뒤안길로 보내셔야만 하셨습니다. 히브리서에서 저자가 말했습니다. "살아계신 하나님의 손에 떨어진다는 것은 참으로 두려운 것입니다."히 10:31

만일 하나님의 일꾼들이 넘어지면, 갈라디아서 6:1의 명령에 순종해서 "그러한 자를 온유한 마음으로 바로잡고 [우리 자신을] 살펴보아 [우리]도 시험을 받지 않도록" 구해야 합니다. 회복의 과정은 수년이 걸릴 수도 있겠지만 포기해서는 안됩니다. 징계의 목적은 회복이며, 회복의 결과는 교제와 사역 속으로 들어오는 것이어야 합니다. 회복된 일꾼은 원래 그가 있던 리더십의 현장으로는 복귀할 수 없을 수도 있지만, 확신하건대 성령님은 방대한 추수의 현장 가운데 일꾼이 절대적으로 요구되는 다수의 사역의 장소를 가지고 있습니다.

창조와 구속의 하나님은 또한 국가적인 일들 가운데 일하시는 역사의 하나님이시기도 하십니다. 그분은 요셉을 이집트로 보내어 야곱과 그의 가족들을 위해 일을 준비시키셨으며, 그 결과 위대한 나라를 세우게 하셨습니다. 그분은 이스라엘을 노예의 속박으로부터 해방시키고자 바로 그 정확한 시점에 모세를 태어나게 하셨습니다. 그분은 약속의 땅으로 승리 가운데 이스라엘 백성들을 인도하고자 여호수아를 준비케 하셨습니다. 그분은 불임의 한나에게 아들을 위한 장기간의 기도를 하게 하셨으며, 그래서 무법천지의 이스라엘이 하나님의 언약 속으로 다시 돌아오도록 사무엘을 사용하셨습니다. 이러한 모든 일들은 우연히 이루어진 일이 아닙니다. 그들 모두는 예정되었습니다. 모든 성경인물들의 일대기는 에베소서 2:10 말씀이 진리임을 증거하는데 지원하고 있습니다.

그렇다면 에베소서 2:10에 기록된 진리의 말씀이 그리스도를 위한 섬김에 있어서 여러분과 나에게 의미하는 것이 무엇입니까? 그 말씀은 바로 원수들이 우리를 공격해 오거나 또는 우리의 사역이 헛된 것같이 보일 때에도 우리에게 분명한 확신과 용기를 준다는 것입니다.

요셉은 감옥에 내동댕이쳐졌고, 다윗은 사울 왕을 피해

정처 없이 도망 다녔고, 예레미야는 경건함을 상실한 나라의 종교인에 의해 박해를 받았고, 다니엘은 사자 굴속으로 던져졌습니다. 하지만 이 모든 일들은 하나님이 당신을 부르셨을 때, 그분은 당신에게 감당할 수 있는 능력을 주시고 그분은 전적으로 당신을 지켜보고 계시다는 그 사실을 증거하고 있습니다. 본래 예레미야는 위험스러운 선지자로의 부르심보다 제사장의 일상적이고 반복적인 업무를 더 선호했을 수도 있는 마음이 여린 젊은이었습니다. 그러나 하나님의 부르심은 그에게 필요한 확신을 주었습니다. 하나님은 그에게 말씀하셨습니다.

> 보라 내가 오늘 너를 그 온 땅과 유다 왕들과 그 지도자들과 그 제사장들과 그 땅 백성 앞에 견고한 성읍, 쇠기둥, 놋 성벽이 되게 하였은즉(렘 1:18).

나의 아내와 내가 우리의 첫 목회지에서 사역할 때, 하나님은 새 예배당을 교회가 지어야만 하도록 분명히 요구하셨습니다. 이 생각은 다음의 몇 가지 이유들로 인해 나를 당황하게 만들었습니다. 첫 번째로, 우리 지역의 경제적인 상황은 극도로 좋지 않았습니다. 그리고 우리 교회의 성도들은 수적으로 많지도, 부유하지도 않았습니다. 우리와 대화했던 어떤 은행 직원들은 단지 미소만 지어 보이더니 공사를 하지 않기를 조언했습니다. 나는 설계도면을 볼 능력도 없었고, 새집(birdhouse)을 짓는 것조차도 힘들어 하는 사람이었는데, 나 혼자 교회 예배당을 건축하도록 요구 받았습니다.

어느 날 아침 경건의 시간에, 그날의 성경읽기 본문은 역대상 28장으로 다윗 왕의 성전 준공에 대한 지침이었습니다. 내가 역대상 28:10을 읽을 때, 나는 너무 놀라서 앉아있던 의자에서 그만 넘어질 뻔 했습니다.

> 그런즉 이제 너는 삼갈지어다 여호와께서 너를 택하여 성전의 건물을 건축하게 하셨으니 힘써 행할지니라 하니라 (대상 28:10).

그리고 시야에 20절이 막 들어왔습니다.

> 또 그의 아들 솔로몬에게 이르되 너는 강하고 담대하게 이

일을 행하라 두려워하지 말며 놀라지 말라 네가 여호와의 성전 공사의 모든 일을 마치기까지 여호와 하나님 나의 하나님이 너와 함께 계시사 네게서 떠나지 아니하시고 너를 버리지 아니하시리라(대상 28:20).

저는 이 교회건축으로 인한 몇 달간의 고통의 시간 동안 얼마나 많이 이 약속들을 되새겼는지 셀 수 없습니다. 이 말씀은 풍랑 가운데 나의 닻이 되었고, 어둠 가운데 나의 빛이 되어주었기 때문입니다. 하나님은 과거에도 그리고 지금도 그분의 약속들을 항상 지키셨고, 인간적으로 말하자면 우리가 도저히 할 수 없는 일들을 할 수 있도록 도우셨습니다.

저는 성경을 아무렇게나 펴서 그리고 아무 구절이나 한 구절을 골라냄으로 이것이 하나님의 방향임을 찾고자 노력하는 그런 미신적인 사람이 아닙니다. 그러나 성령님이 정기적인 성경읽기의 과정 가운데 있는 본문을 통해 나에게 감동을 주실 때, 나는 멈추고 그리고 집중합니다. 나는 성경을 과거형으로 읽지 않습니다. 우리 하나님은 살아 계신 하나님이

시며, 영원 가운데 존재하는 분이십니다. 그래서 나는 그분이 말씀을 통해 매일 나와 더불어 대화하시기를 원하신다고 믿습니다. 하나님은 나의 삶에 특별한 계획을 가지고 계실 뿐 아니라, 그분은 나에게 그 계획을 보여주시길 원하시고 또한 내가 그것을 이루도록 도와주십니다.

만일 당신이 하나님의 뜻 안에서 주님을 섬기고 있다면, 당신은 에스더와 같은 사람입니다. 당신이 왕국에 있는 것은 이때를 위함이요.^{에 4:14} 하나님이 시작하신 것을, 그분이 마치십니다.^{빌 1:6} 만일 당신이 중단하기를 결심한다면, 하나님은 요나 선지자가 그러했던 것처럼 당신이 기꺼이 순종할 때까지 당신을 사랑 가운데서 징계하실 것입니다. 만일 당신이 계속 반항하며 고집을 피운다면 그분은 아마도 당신을 선반 위에 올려놓고 '자격상실'^{고전 9:27} 이라는 꼬리표를 붙이실 수도 있습니다.

하나님은 여러분이 있든지 없든지 상관없이 당신의 사역을 마치실 것이지만^{에 4:14} 여러분이 그만둔다면, 여러분은 실패자가 될 것입니다.

어려움이 다가올 때도 만일 여러분이 계속 감당하길 원한다면, 당신은 하나님의 영원한 목적과 변함없는 하나님의 약속에 의지해야만 합니다. 내가 드리는 이 말을 명심하십시오. "계속적으로 어려움은 다가올 것입니다. 그러나 하나님의 목적과 약속은 실패하지 않습니다."

9. 인격을 통한 사역

1840년 10월 2일 젊은 장로교 목사인 로버트 머레이 맥체인^{Robert Murray M'Cheyne}1은 선교사역 훈련을 받기 위해 독일로 떠나는 친구 다니엘 에드워즈^{Daniel Edwards}에게 다음과 같이 편지했습니다.

> 사랑하는 친구에게,
> 나는 자네가 독일에서 기쁘고, 유익한 시간을 가질 것이라 믿네. 또 독

---

1 Robert Murray M'Cheyne(1813-1843) 목사는 스코틀랜드 출생으로 던디(Dundee)의 성베드로교회(St. Peter's Church)에서 목회하다(1836-1843) 유행성 전염병에 걸려 29세의 젊은 나이에 사망하였다. 신, 구약을 1년에 통독하는 맥체인 성경읽기표를 만든 장본인이기도 하다.*

일에서 누구보다 열심히 할 것을 아네. 하지만 자네 안에 있는 속사람의 정신을 결코 잊지 말게나, 자네의 마음 말일세. 기병대 장교가 자신의 검을 깨끗하고도 날카롭게 유지하는 데 얼마나 성실한지 자네도 알 걸세. 그는 심혈을 기울여 모든 더러운 얼룩들을 제거해 버리지 않겠나? 기억하게나! 자네는 하나님의 검이자 그분의 도구이며, 그분의 이름을 위하여 그분에게 선택된 그릇임을. 나는 자네를 믿네. 도구로서의 깨끗함과 온전함만이 올바른 평가를 하는 성공요인이 될 걸세. 하나님이 예수님을 닮은 사람들에게 엄청나게 베푸신 놀라운 축복은 탁월한 재능을 가진 것과는 감히 비교할 수도 없다네. 거룩한 사역자는 하나님의 손에 들려진 놀라운 병기임을 잊지 말게나.[2]

나는 스코틀랜드 던디에 있는 성 베드로 교회의 예배당에서 맥체인 성경을 들고 서 있던 때를 회상해 봅니다. 그 시간은 나에게 정말 고귀하고도 거룩한 시간이었습니다! 그리스도인으로서 나의 초기 신앙생활 동안에, 보나가 쓴 『로버트 맥체인 회고록』 *Bonar's Memoirs and Remains of Robert Murray M'Cheyne* 을 읽은

---

[2] Andrew A. Bonar, *Memoirs and Remains of Robert Murray M'Cheyne* (London: Banner of Truth, 1966), p. 282.

것은 오랫동안 깊은 감동을 주었습니다. 또한 나는 영감과 교훈을 얻기 위해 자주 이 기독교 고전을 읽곤 했습니다. 맥체인의 경건한 삶의 본보기는 그가 남긴 잊을 수 없는 문구에 위대한 힘을 실어 주었지요.

거룩한 사역자는 하나님의 손에 들려진 놀라운 병기이다.

분명 하나님은 우리의 재능을 사용하시길 원하십니다. 무엇보다도 그분이 우리에게 그 재능들을 주셨기 때문이지요. 하지만 우리의 재능과 영적 은사를 성장시키는 것에 한 가지 덧붙여야 하는 것은 바로 인격의 온전함을 이루는 것입니다. 맥체인의 비유를 인용하자면, 우리는 하나님의 병기입니다. 그 무기가 효과적으로 사용되기 위해서는 빛이 나도록 잘 다듬고, 날카로워야 합니다.

여러분은 아마 자신을 병기로써 생각하지 않을 수도 있습니다만, 이 비유는 지극히 성경적입니다. 이사야 49:2에 보면, 메시아는 예리한 칼과 잘 다듬은 화살로 비유되어 있습니다. 그리고 스가랴 9:13에서 시온의 군대는 활과 화살 그리고 "용사의 손에 들려진 검"으로 비유됩니다. 바울 사도는 로마서 6:13에서 "의의 도구로서" 성도들의 몸을 하나님께 내어 맡길 것을 권하는 이미지를 사용했습니다. 그리고 '도구'로 설명된 이 단어는 '연장' 또는 '무기'를 의미합니다.

기독교 사역은 놀이터가 아닌 전쟁터로 돌진해 들어가는 것을 의미합니다. 그리고 여러분과 나는 원수들을 공격하거나 패배시키기 위해 하나님이 사용하시는 무기들입니다. 하나님이 모세의 지팡이를 사용하셨을 때, 그분은 모세의 손으로 지팡이를 높이 올릴 것을 요구했습니다. 하나님이 다윗의 물매를 사용하셨을 때에도, 그분은 다윗의 손으로 물매를 휘두를 것을 요구했습니다. 하나님이 사역을 세워 가실 때에도, 그분은 맡긴 사역을 이루시기 위해, 하나님께 온전히 드려진 누군가의 몸을 요구하십니다. 여러분은 주님께 있어 중요한 사람입니다, 그러므로 여러분의 삶을 더욱 깨끗하게 유지해야 합니다. 거룩한 사역자는 하나님의 손에 들려진 '놀라운 병기'이기 때문입니다!

그리스도인의 인격을 대신할 것은 아무것도 없습니다. 우리가 얼마나 많은 재능과 훈련을 받아왔든지 상관없이, 만일 우리가 그리스도인의 인격을 제대로 갖추지 못한다면, 우리는 어떤 것도 가지지 못한 사람들입니다. 1840년 맥체인이 했던 말을 다시 한 번 인용하자면 다음과 같습니다. "오, 여러분의 삶 전반에 걸쳐 거룩함을 추구하십시오! 여러분의 전적인 유용함은 바로 여기에 달려있습니다. 여러분의 설교는 단지 한 시간 또는 두 시간 정도 지속되겠지만 여러분의 삶은 한 주 내내 설교할 것입니다."[3] 그는 목사안수식 중에 이렇게 설교했지만, 이 권면의 말씀은 기독교 사역의 어떤 곳이든지 적용됩니다. 거룩한 삶이 곧 유익한 삶입니다.

수년 전 방송설교자의 스캔들은 우리에게 명성과 인격 사이에 그랜드 캐니언(Grand Canyon)과 같은 엄청난 간극이 있음을 고통스럽게 상기시켜 주었습니다. 또한 대중적 인기가 언제나 영성을 보장해 주지 않는다는 것도 일러주었습니다. 지지자들을 얻는 것은 가능하지만 그 일이 반드시 하나님의 사역을 증진시켜주지는 않습니다. 얼마 동안은 다수의 사람들을 속일 수도 있겠지만, 결국 진리는 드러나는 것입니다.[4]

---

[3] Bonar, *Memoirs of M'Cheyne*, p. 406.
[4] 그 문제와 해답에 대한 좀 더 자세한 논평은 나의 책 『정직의 위기』(*The*

삶은 인격 위에서 세워집니다. 하지만 인격은 결심 위에서 세워집니다. 크든지 작든지 여러분이 마음먹은 결심들은 거대한 대리석 덩어리에서 쓸모없는 부분을 잘라내는 조각가의 끝이 되어 여러분의 삶에 기여할 것입니다. 여러분의 생각들, 태도들 그리고 행동들을 통해 여러분은 자신의 삶을 빚어갈 수 있고, 예수 그리스도의 형상을 더욱 닮아가거나 또는 더욱 멀어지게 될 것입니다. 여러분이 그리스도를 더욱 더 닮을수록, 하나님은 그분의 축복과 더불어 여러분을 더욱 더 신뢰하실 것입니다.

순전함을 배양하는 사람은 그리스도인의 삶에 있어서 '세속적인 것과 거룩한 것'이 별도로 구분되지 않는다는 것을 깨닫습니다. 모든 것은 하나님의 영광을 위해서 이루어져야 합니다.^{고전 10:31} 하나님의 일꾼은 항상 거룩한 땅에 서 있으며, 더 고귀한 행동을 취해야 할 것을 하나님은 당신의 위대한 지도자들 가운데 두 사람 모세^{출 3:5}와 여호수아^{수 5:15}에게 상기시켜 주었습니다. 만일 아무도 보는 이가 없을지라

Integrity Crisis, Nashville: Oliver-Nelson, 1988)를 참조.

도, 하나님은 보고 계십니다. 그리고 그분이 우리의 심판자가 되십니다.

비록 인격이 성품에 영향을 미치긴 하지만, 인격은 성품과 똑같지 않습니다. 너무나 많은 그리스도인들이 자신들이 비범한 통솔력이 있고, 사람들에게 매력을 끼치며, 사람들을 끌어모을 수 있기 때문에 영적인 사역에서도 자신들이 그럭저럭 잘 해나갈 수 있다고 오해합니다. 하지만 그리스도를 위해 사람들에게 좋은 영향력을 미치기 위해서는 성품 이상의 것을 요구합니다. 그것은 곧 경건한 인격을 요구합니다. 사람은 나무와 같다고 흔히들 말합니다. 나무의 그림자는 **명성**이며, 나무의 열매는 **성품**이지만, 가장 중요한 나무의 뿌리 부분은 바로 인격입니다.

누군가가 대출을 하기 위한 최고의 담보물이 무엇인지 부유한 은행가인 제이 피 모건[J. P. Morgan 5]에게 물었을 때, 모건은 '인격'이라 답해주었습니다. 금융계에서 진실인 것은 영

---

5 J. P. Morgan(1837-1913)은 미국의 금융가, 은행가, 미술 수집가로 1895년 자신의 이름을 딴 J. P. Morgan 금융회사와 사업체를 운영했으며, 현재도 그의 이름을 딴 미국은행 J. P Morgan Chase Bank가 남아있다.*

적인 세계에서도 진실입니다. 하나님은 거룩함의 아름다움을 가장 잘 나타내는 사람들에게 그분의 가장 좋은 것을 주십니다.

> 여호와의 눈은 온 땅을 두루 감찰하사 전심으로 자기에게 향하는 자들을 위하여 능력을 베푸시나니(대하 16:9).

거룩함이라는 단어는 어떤 사람들을 곤혹스럽게 만들기도 하고, 또 어떤 사람들을 두렵게 만들기도 합니다. 내가 영적으로 미숙한 그리스도인이었을 때, 나는 '거룩한 사람들'을 피해 다녔습니다. 왜냐하면 나는 그들이 이상한 극단주의자들이나 광신자들 부류라고 생각했기 때문입니다. 아마 그들 중의 몇몇은 정말 그럴지도 모르지요. 하지만 그렇다고 해서 **거룩함**이 나쁜 단어임을 의미하지는 않습니다.

> 오직 너희를 부르신 거룩한 이처럼 너희도 모든 행실에 거룩한 자가 되라 기록되었으되 내가 거룩하니 너희도 거룩할지어다 하셨느니라(벧전 1:15-16, 레 11:44-45).

건강이 몸에 대해 말하는 바와 같이 거룩함은 우리의 속사람에 대한 것입니다. 거룩함은 온전함이고, 그리스도의 형상과 같이 되는 것이며, 우리의 삶 가운데 드러나는 성령의 열매입니다.^{갈 5:22-23}

일단의 사람들은 거룩함의 수양을 개인적인 종교적 취미 정도로 전락시켜 버렸습니다. 그들은 승리한 그리스도인들과 교제하는 것은 즐기지만, 자신들이 받은 축복을 자신들이 통로가 되어 세계선교나 교회를 세우는 데에는 결단코 사용하지 않으려는 듯 보입니다. 고인이 된 대그 함마슐드 Dag Hammarskjold 6는 "거룩함에 이르는 도로는 반드시 행동이라는 세계를 거쳐 가야만 한다"고 말했습니다.⁷ 예수님은 "너희는 나를 불러 '주여, 주여' 하면서도 어찌하여 내가 말하는 것을 행하지 아니하느냐?"^{눅 6:46}고 물으셨습니다. 하나님은 우리가 거룩함을 즐기게 하기 위하여 우리를 거룩하게 만드

---

6 Dag Hammarskjold(1905-1961)는 독실한 그리스도인으로 1953년부터 1961년까지 유엔사무총장을 역임했으며, 공무로 아프리카 출장 중 비행기 사고로 사망하였다. 사망 후 1962년 노벨평화상을 받은 스웨덴 출신의 국제정치가이자 외교관.*

7 Dag Hammarskjold, *Makings* (New York: Knopf, 1965), p. 122.

신 것이 아닙니다. 하나님은 우리를 통해 원하시는 일을 이루시기 위해 우리를 거룩하게 만드셨습니다.

다시 말해, 적어도 베드로의 설명을 따르자면, 거룩함은 매우 실천적인 것입니다.

> 그러므로 너희가 더욱 힘써 너희 믿음에 덕을, 덕에 지식을, 지식에 절제를, 절제에 인내를, 인내에 경건을, 경건에 형제 우애를, 형제 우애에 사랑을 더하라 이런 것이 너희에게 있어 흡족한즉 너희로 우리 주 예수 그리스도를 알기에 게으르지 않고 열매 없는 자가 되지 않게 하려니와(벧후 1:5-8).

바리새인들은 깊이가 얕고, 불안정하며, 해롭기까지 한 인공적으로 포장된 의를 소유했습니다. 그래서 예수님은 그 거짓된 의를 정죄했습니다.

> 내가 너희에게 이르노니 너희 의가 서기관과 바리새인보다 더 낫지 못하면 결코 천국에 들어가지 못하리라(마 5:20).

사람들을 도와주기는커녕, 바리새인들은 사람들의 부담을 더욱 가중시켰습니다. 바리새인들이 손대는 것은 무엇이든지 부정한 것이 되어 버렸습니다.^{마 23:4, 25-28} 그것은 결코 사람의 마음에 어떤 감동도 주지 못하고, 삶을 변화시킬 수도 없는 율법적으로 얽매어진, 인간이 고안한 기준으로서의 의였습니다. 그것은 하나님이 우리가 경험하길 원하시는 거룩함의 본질이 아니었습니다.

바울 사도가 디모데에게 경건의 연습^{딤전 4:7-8}을 하라고 권면했을 때, 사도는 당시의 사람들에게 익숙한 비유를 사용했습니다. 당시 그리스와 로마는 모두 운동 경기에 몰두했고, 아주 진지하게 그런 경기들을 치렀습니다. 그렇지만 오늘날 대부분의 경기 입장권을 가진 관중들과 TV 시청자들과는 달리, 고대인들은 단순한 여흥거리가 아닌 삶의 질을 높이는 일환으로서 운동경기를 보았습니다. 그들이 오늘날의 직업적으로 조직된 스포츠 세계나, 수여되는 상장들과 지급되는 고액 연봉을 본다면 아마 충격을 받을 것입니다. 그리스의 운동경기에 참가하기 위해서는, 사람들은 상당히 까다로운 자격기준에 부합해야만 합니다. 그리고 만일 그 규칙의 어떤 것이라도 어긴다면, 비록 훈련 도중이라도, 그들은 자격을 상실하게 됩니다.^{딤후 2:5} 그것은 명성이나 돈을 벌기 위한 경쟁이 아니라, 자신들이 속한 도시와 나라의 영광을 위한 것이었습니다.

그럼에도 불구하고 우승자가 되기 위한 핵심은, 디모데가 살았던 시대에 그랬던 것만큼이나 오늘날도 동일합니다. 그것은 유능한 감독의 지휘아래에서 지속적인 훈련을 연마하는 것입니다. 그리스의 소년들은 어린 시절부터 지역에 있는 운동장에서 운동을 시작하여 레슬링, 복싱, 육상, 수영 하는 법을 배우며 여러 가지 경쟁 경기들에 참여하는 방법을 익혔습니다. 그리스가 지향한 최고의 가치는 '건강한 신체에 깃든 건강한 정신'이었고 그래서 모든 소년들은 자신이 사는 공동체의 영광이 되는 그 이상을 쟁취하고자 분투하였습니다.

바울 사도가 디모데에게 전달하려 했던 핵심은 간단히 말하자면 이것이었습니다. 경기자들이 운동 경기에 쏟아 부은 훈련의 질과 동일한 것을, 하나님의 자녀들로서 우리가 그리스도인의 삶에 실행해야 한다는 것입니다. 경기자들은 희생을 각오해야 하며, 비록 좋은 것이라 할지라도 "아니오"라고 말해야만 합니다. 그들은 우승자가 되는 그 목표에 도달할 때까지 전적으로 헌신해야만 합니다. 그들이 하는 모든 결심은 이 한 가지 질문에 의해서만 측정됩니다. 그것이 나를 우승자로 만드는 데 과연 도움이 될 것인가?

한 젊은 설교자가 '더 깊이 있는 삶 컨퍼런스'에 참가해 그 자신의 '승리의 경험담'을 저명한 스코틀랜드 설교자 알렉산더 화이트Alexander Whyte목사[8]와 나누었습니다. 화이트목사는 인내심을 가지고 듣다가 잠시 뒤 이렇게 응답했습니다. "맞아, 젊은이. 마지막 순간까지 정말 힘든 싸움이지!"[9]

거룩한 삶은 적절한 책을 읽는다거나, 적절한 테이프를 듣거나 또는 유익한 모임에 참석함으로 자동적으로 얻어지는 결과물이 아닙니다. 거룩함은 예수 그리스도와 함께 살아있는, 사랑의 연합을 이루며, 경건의 훈련을 통해 분명한 흔적이 묻어나는 삶의 결과인 것입니다. 거룩함은 우리들

---

[8] Alexander Whyte(1836-1926) 목사는 스코틀랜드의 청교도 목사로, 감화력 있는 설교로 청중을 이끌었으며, 글래스고(Glasgow)의 성요한교회(Free St John Church)와 성조지교회(Free St Georges Church)에서 목회하였다.*

[9] G. F. Barbour, *The Life of Alexander Whyte*, D. D. (London: Hodder and Stoughton, 1923), p. 372.

이 매일 하루를 하나님과, 기도와 그리고 말씀을 통한 묵상과 더불어 시작할 수 있도록 시계에 알람을 설정해 놓는 것을 의미합니다. 그것은 사도 바울의 헌신과 집중의 본보기를 좇아가는 것이며, 그가 말하는 바처럼, "오직 한 가지 일만을 붙잡는 것"[빌 3:12-14]을 의미합니다. 올림픽의 우승자들은 대가를 지불합니다. 하지만 그들은 자신들이 메달을 따는 일이 정말 가치 있다고 여깁니다. 하물며 하나님의 사역자인 우리는 어떠해야 하겠습니까?

10. 성숙함의 사역

만일 여러분이 바울 사도에게 하나님을 섬기는 그의 목표가 무엇인지에 대해 질문한다면, 아마도 그는 "예수 그리스도 안에서 각 사람을 온전^{성숙}하게 세우는 것"^{골 1:28}이라 답할 것입니다. 만일 여러분이 지역교회의 사역에 관해 설명해 달라고 요청한다면, 그는 아마도 이렇게 대답할 것입니다.

> 성도를 온전하게 하여 봉사의 일을 하게 하며 그리스도의 몸을 세우려 하심이라 우리가 다 하나님의 아들을 믿는 것과 아는 일에 하나가 되어 온전한(성숙한) 사람을 이루어 그리스도의 장성한 분량이 충만한 데까지 이르리니(엡 4:12-13).

일부의 '성공한 설교자'들이 무슨 말을 할지라도, 우리 삶에 대한 하나님의 목적은 재물이 아니라 성숙이며, 행복이 아니라 거룩함이며, 받는 것이 아니라 베푸는 것입니다. 하나님은 사람들이 더욱 더 그의 아들의 형상을 닮아 가도록 빚으시기 위해 지금도 일하고 계십니다. 그리고 바로 이것이 기독교 사역의 전부입니다. 섬김에 있어서 여러분의 목적은 가장 큰 대형 교회나 가장 큰 교회학교, 최고 실력의 성가대 또는 효율적인 새신자 안내 부서를 만드는 것이 아닙니다. 여러분의 목적은 하나님이 기꺼이 축복해 주실 만하며, 다른 사람들을 세우기 위해 사용할 수 있는 그리스도의 인격을 가진 사람들을 세워내는 것입니다. 물론 여러분은 군중들을 모으거나 또는 조직을 만들기 위해 온갖 수법과 기교를 동원할 수도 있겠지만, 그것은 하나님의 교회를 세우는 것과 동일한 것은 아닙니다.

핵심적인 개념은 성숙입니다. 개별 그리스도인은 하나님이 이루신 가족의 구성원으로 거듭나서, 성숙해야 하고, 더욱 더 예수 그리스도의 형상과 같이 닮아가야 합니다. 교회 공동체가 성숙해 지는 만큼, 교회 공동체는 양적인 면에서도 증가하며, 장성한 사람의 특징과 책임들을 감당하게 됩니다. 그래서 교회 공동체 역시 공동체로서 더욱 더 그리스도와 같이 닮아 가게 되는 것입니다. 비록 온 몸의 지체들이 고르게 성숙하지는 못한다 할지라도, 교회의 규모와 성숙함의 관계는 서로 상충되지 않습니다. 생명이 있는 곳에 자라감이 있어야 하듯이 말입니다.

영적 성숙은 저절로 이루어지지 않습니다. 바울 사도는 성도들이 어린아이의 상태에서 벗어나 장성한 사람이 되도록 그들을 위해 기도하며, 말씀을 나누고, 경고하며, 심지어는 징계하기도 했습니다. 고전 3:1-4 바울도 사람들을 성숙하게 돕는 일에 있어서 항상 성공하지는 못했고, 우리 역시 마찬가지일 것입니다. 하지만 주님의 도우심과 더불어 바울은 최선을 다했습니다. 만일 사람들이 성숙하지 못했다면, 그 실패는 그들의 몫이지 바울의 잘못이 아닙니다.

우리 사역자들이 주의해야 할 것은 그리스도 안에서 사람들이 성숙할 수 있도록 그들을 도우며 섬기는 대신에, 어떤 일을 이루기 위해 사람들을 이용하는 것입니다. 하나님의 눈에는 그 어떤 일보다도 하나님의 일꾼들이 더욱 더 소중하다는 사실을 명심해야 합니다. 만일 일꾼이 일꾼으로서 마땅히 갖추어야 할 바를 갖춘 사람이 된다면, 그가 하는 일도 제대로 이뤄질 것이고, 하나님께도 기쁨이 될 것입니다.

사람들이 무엇을, 어떻게 그리고, 왜 자신들이 그 일을 해야 하는지, 아울러 어떻게 그들이 하는 일이 교회를 위한 하나님의 온전한 계획 속에 딱 들어맞는지를 알게 될 때, 성숙을 지향하며 사역하게 됩니다. (물론, 그들의 동기는 하나님께 영광 돌리는 것이 되어야 한다는 사실을 우리는 이미 다루었습니다.) 사람들을 먼저 준비시키지 않고, 사역 속으로만 밀어 넣는 것은, 수영을 전혀 하지 못하는 사람을 구명조끼도 입히지 않은 채로 바다 한 가운데로 던져 넣는 것과 같습니다.

내가 처음으로 예배에서 성경을 봉독했던 때가 기억납니다. 나는 아직 어린 그리스도인임에도 불구하고 교회 지도자 중에 한 분은 내가 교회를 위해 무언가를 할 때가 되었다고 생각했던 것 같습니다. 오전예배가 시작되기 바로 직전에, 그분은 나에게 단상에서 누가복음 3:1-6을 봉독하라고 일러주었습니다. 그리고는 목사님을 만나기 위해 그는 황급히 나가버렸습니다. 누가복음 3:1-6절에 나오는 **분봉**

왕,^{Tetrarch: 테트라크} 이두래,^{Iturea: 이두래} 드라고닛,^{Trachonitis: 트라고니티스} 루사니아,^{Lysanias: 루사니아스} 아빌레네^{Abilene: 아빌레네} 같은 단어들은 나에게 생소한 외국어였고, (혹시 여러분은 이 단어들을 어떻게 정확히 발음해야 하는지 알고 계신가요?) 나는 이 단어들의 발음이 적혀있는 그런 성경책을 가지고 있지 않았습니다. 나는 어떻게든 다른 사람의 성경을 빌려야만 했었는데, 그때는 너무 당황한 나머지 그런 현명한 결정을 할 생각도 하지 못했습니다. 단상 위에서의 나의 첫 출연은 그야말로 완전한 실패작이 되어버렸고, 나는 실망한 채로 집으로 돌아갔습니다.¹

나는 몇 달 뒤 노방전도를 하다가 이와 유사한 경험을 했습니다. 나는 찬양을 따라 부르고, 전도지를 돌리는 것을 도와주기 위해 따라갔습니다. 그런데 바로 그곳에서, 나는 간증을 하도록 요청받았습니다. 우리가 모았던 많지 않은 청중 가운데에는 몇몇 십대 청소년들도 있었습니다. 만일 내

---

1 나는 무디(D. L. Moody) 목사님이 사용했던 방법을 따랐어야만 했습니다. 그는 성경에서 자신이 발음하기 어려운 단어를 볼 때마다, 설교를 잠시 중단한 채, 어려운 단어가 있는 구절을 피해 다른 구절을 선택해 읽었습니다! 하지만 나는 그때 너무나 당황해서 어떤 말도 할 수 없었고, 본문의 3절부터 다시 읽어야 했지만 그렇게 하지 못했습니다.

가 준비되어 있었다면, 나는 그들에게 유익한 말을 전해 줄 수 있었을 것입니다. 하지만 그 상태에서는, 나는 내 이야기도 더듬거리며 이어나갔을 뿐 아니라 확신 반에서 배웠던 성경 몇 구절만 가까스로 인용할 수 있었습니다. 다시금 나는 사역의 실패를 경험해야 했습니다.

이에 대해 어떤 분들은 "맞아요, 하지만 우리가 실패라고 생각하는 것들도 하나님은 취하셔서 우리가 천국에 가기 전까지는 알 수 없는 여러 방면에서 그것을 사용하실 수도 있어요"라고 말할 수도 있겠지요. 그 점에 대해서 저도 동의합니다. 하나님이 나의 서투름을 통해 누군가에게 축복을 끼치는 것도 가능합니다. 하지만 나의 요지는, '왜 하나님을 시험해야 하는가?'라는 것입니다. 하나님이 실패도 축복으로 바꾸실 수 있다면, 한 번 생각해 보십시오. 만일 우리가 정말로 잘 준비했다면 그분이 얼마나 많은 축복을 주셨을까요!

하나님의 일꾼들이 받을 수 있는 최고의 찬사 중의 하나는 이것입니다. "당신의 사역은 내가 성장하는 데 정말로 많은 도움이 되고 있습니다." 기억하십시오. 진정한 열매가 있는 곳에는 더 많은 열매를 위한 씨가 그 열매 안에 있습니다. 사역이란 하나님이 우리로 하여금 영적인 분위기를 조성해 다른 사람들을 성장시키고, 주님 안에서 더욱 많은 열매를 맺을 수 있도록 격려하는 것을 의미합니다. 기독교 교육가인 와드 박사[Dr. Ted Ward][2]는 사역이 무엇인지를 가장 잘 표현했습니다.

> 지도력은 사람들의 성장을 촉진해주는 섬김의 관계입니다.[3]

---

[2] Ted Ward(1930-현)는 미국의 미시간 주립대에서 30년 넘게 교육학을 가르쳐왔으며, 현재는 Trinity Evangelical Divinity School의 기독교교육과 선교학 명예교수로 섬기고 있다.*

[3] Tony Castle, *The New Book of Christian Quotations* (New York: Crossroad, 1984), p. 143.

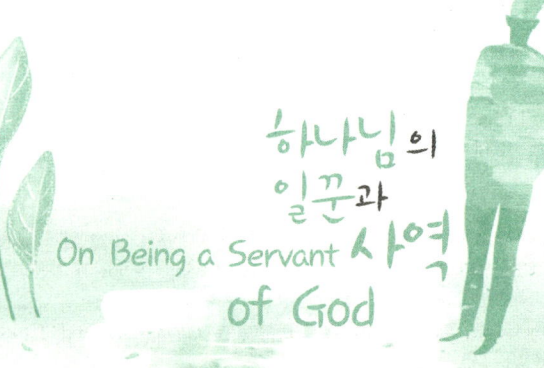

하나님의
일꾼과 사역
On Being a Servant
of God

11. 포용하는 사역

초등학교에 다니던 큰 딸이 어느 날, 현관문을 세차게 닫고 집으로 막 뛰어 들어와서는 자기 방으로 쏙 들어가 다시 쾅 하고 방문을 닫았습니다. 그리고는 그 와중에 한참 동안이나 나직한 목소리로 혼자 중얼거렸습니다. "사람들! 사람들! 사람들!"

도움을 주려는 마음에, 아이의 방을 살짝 두드리며 물었습니다. "들어가도 되니?" 퉁명스러운 대답이 돌아왔습니다. "안 돼요!"

나는 다시 물었습니다. "왜 안 되니?" 그러자 아이는 대답했습니다. "왜냐하면 아빠도 사람이니까요!"

어린아이들일지라도 사람들로 인해 나름의 어려움을 겪습니다. 이 한 가지는 분명합니다. 주님을 섬기고자 하는 성도들은 사람들로 인해 어려움을 겪을 수 있다는 것을 예상해야 합니다. 그리고 다른 사람들 또한 바로 그 성도들로 인해 어려움을 겪게 될 수도 있겠지요!

모세는 이스라엘 백성들로 인해 너무 괴로웠기에, 어느 날 그는 이제 더 이상 견딜 수 없다고 생각한 나머지 하나님께 자신의 생명을 가져가시기를 요청했습니다.^{민 11장} 때로는 당신이 가장 많은 호의를 베풀며 도와주는 사람들이 여러분에 대해 제일 감사하게 여기지 않을 때가 있습니다. 예수님은 열 명의 문둥병 환자들을 고쳐주셨지만, 그들 중의 오직 이방인 한 사람만이 다시 돌아와 주님께 감사했습니다.^{눅 17:11-19} 바울 사도가 로마의 감옥에 수감되었을 때, 로마에 있던 일단의 그리스도인들은 바울 사도를 격려하기는커녕, 그를 더욱 힘들게 했습니다.^{빌 1:12-21} 그럼에도 사도 바울은 사랑으로 그들을 대하며, 그 사람들이 복음을 전파한다는 그 사실만으로도 하나님께 감사했습니다.

암브로스 비어스Ambrose Bierce는1 이렇게 비평했습니다. "두 종류의 사람들이 있습니다. 의로운 사람들과 불의한 사람들. 그런데 이 구분은 다름 아닌 의로운 사람들 편에서 정해지는 것입니다." 그의 다소 냉소적인 듯한 이 표현은 중요한 핵심을 일러줍니다. 우리는 '**우리와 그 사람들**'이라는 이분법적 태도를 사용하기 때문에 사람들과 더불어 문제를 종종 **만들어 냅니다**. 교회에 있는 모든 사람들은 (또는 성경공부 반, 성가대 또는 학생부) 나를 지지하든지 아니면 나를 반대하든지 둘 중의 하나라고 여깁니다.

많은 사람들은 잘못된 교리를 가르치는 사람들만을 '이단'으로 생각하지요. 하지만 신약성경에서 '이단'으로 번역된 이 단어는 '선택하기'라는 의미를 가진 그리스어로부터 나온 것입니다. 이 말은 투표를 위해 선거전에 뛰어든 후보자의 지지자가 다수의 사람들에게 "여러분은 우리를 지지합니까 아니면 우리를 반대합니까?"라고 묻는 것을 말하는 것입니

---

1 Ambrose Bierce(1842-1923)는 미국의 풍자작가이며 비평가로 주요 작품으로는 『아울크리크 다리에서 생긴 일』(*An Occurrence at Owl Creek Bridge*)과 『악마의 사전』(*The Devil's Dictionary*)등이 있다.*

다. 이런 태도는 종종 적대감을 야기하며 파당을 지으려 하는 의도성을 다분히 가지고 있습니다. 만일 우리들이 '우리와 그 사람들'이라는 접근방식을 취한다면 우리도 '이단적'인 사람들이 될 수 있습니다. 즉, 문제를 해결하기보다는 문제를 더욱 악화시키도록 만드는 것이지요.

여러분과 나는 교회의 하나됨을 만들어내지 않아도 됩니다. 왜냐하면 교회는 이미 하나가 되어 있기 때문입니다. 우리 모두는 그리스도 안에서 하나이며^{갈 3:28} 영적으로 그 몸의 하나된 것은 하나님이 베푸신 은혜의 기적입니다.^{엡 4:1-6} 명백하게도 우리는 하나됨을 만들어 내야 할 필요가 없습니다. 그렇지만 우리는 예수 그리스도의 죽으심으로 이루신 그 하나됨을 유지해야 할 책임의식을 우선적으로 지녀야 합니다.

> 평안의 매는 줄로 성령이 하나 되게 하신 것을 힘써 지키라(엡 4:3).

하나님의 자녀들이 하나 되는 것은 너무나 중요하기에

예수님이 십자가에 달리시기 전에 이를 위하여 기도하셨습니다. 요 17:22-24

만일 하나님의 사람들 사이에서 "성도에게 단번에 주신 믿음"유 3이라는 이 핵심적인 성경의 가르침에 차이를 노출한다면, 여기에는 어떤 타협의 여지도 없습니다. 하지만 그 차이가 어떤 사람들이 과도하게 부풀린 부차적인 문제가 아니라 그것이 기본적이고도 핵심적인 교리에 대한 차이인지 확실히 구분할 필요가 있습니다. 수세기 동안 선하고 경건한 사람들이 특정 성경 구절들의 해석을 두고 서로 동의하지 못했지만, 적대적인 마음 없이 동의하지 않는다는 사실에는 서로 동의해 왔습니다. 어거스틴Augustine 2은 "**본질적인 것에 일치를, 비본질적인 것에 자유를, 모든 일에 사랑을**"이라고 말했고, 그의 말은 옳았습니다.

어거스틴의 세 번째 문구는 특히 중요합니다. "모든 일에 사랑을." 심지어 우리는 우리의 믿음을 변호할 때에도 그리

---

2 Augustine(354-430)은 히포(Hippo)의 감독으로 철학자, 신학자, 수사학자 그리고 기독교 저술가로 그의 작품들은 서방 기독교에 지대한 영향을 끼쳐왔다. 대표적인 저서로는 『고백록』(*Confessions*)과 『하나님의 도성』(*City of God*) 등이 있다.*

스도인답게 행동해야 합니다.

> 주의 종은 마땅히 다투지 아니하고 모든 사람에 대하여 온유하며 가르치기를 잘하며 참으며 거역하는 자를 온유함으로 훈계할지니 혹 하나님이 그들에게 회개함을 주사 진리를 알게 하실까 하며(딤후 2:24-25).

만일 사람들이 회개하지 않는다면, 그들은 하나 됨을 깨뜨리고, 교제 안에서 떠나버린 사람들이 됩니다.^{요일 2:18-23} 거짓 교리들은 분쟁을 야기시키고, 거짓 교사들은 경고 받아야 하며 피해야만 합니다.^{롬 16:17-20}

하지만 나의 경험에 비추어 본다면 교리의 차이로 인해 사역이 나눠진 경우는 매우 드뭅니다. 그리스도인들 사이에서 대다수의 차이는 교리적인 문제가 아닌 성격차이, 사역의 방법들, 예산의 분배 그리고 다른 주목할 가치들이 중심에 서 있습니다. 한 교회가 한 개인으로부터 엄청난 유산을 기증받았다고 해봅시다. 그 교회는 심각한 분쟁에 휩싸이게 될 가능성이 어마어마하게 크리라 봅니다. 재정담당자는 교회주차장을 포장하기 위해 재정을 사용하기 원합니다. 선교위원회는 선교현장에 재정을 보내기를 원합니다. 여성도들은 교회 주방을 개선하길 원하고, 젊은이들은 체육관을 지어 주길 원합니다. 돈을 사랑하는 것은 일만 악의 뿌리가 될 뿐만 아니라 돈을 사용하는 것 역시도 상당한 악을 만들어 낼 수 있습니다.

1650년 스코틀랜드의 교회 연합 총회가 당시 올리버 크롬웰Oliver Cromwell 총독을 반대하여 찰스 2세Charles II를 그들의 왕으로 발표했을 때, 크롬웰은 그들에게 진심 어린 호소가 담긴 편지 한 통을 써 보냈습니다. 그가 언급한 많은 것 가운데 하나는 이것입니다. "그리스도의 심장을 가지고 나는 여러분들에게 호소합니다. 여러분들이 혹 잘못 판단하지는 않았는지 다시 한 번 더 생각해 주시길 요청합니다."[3] 만일 우리가 그리스도인답게 행동한다면, 상대를 공격하기에 앞서 호소가 먼저 이루어져야 합니다. 이스라엘의 군대는 상대에 맞서 전쟁을 선포하기 이전에 그 해당 도

---

3 John Buchan, *Cromwell* (London: Hodder and Stoughton, 1934), p. 368.

시에 평화를 먼저 제안하도록 명령 받았는데,[신 20:10-20] 이것은 우리가 따라야 할 좋은 모범이 됩니다. 예수님은 우리들에게 사람들과의 문제점을 우선적으로 그리고 개인적으로 해결하도록 지침을 주셨으며, 아울러 평화를 먼저 구하라고 가르치셨습니다.[마 5:21-26, 18:15-35]

물론 가장 큰 문제점은 우리 모두가 저마다 올바른 정답을 가지고 있다고, 우리의 '확신'을 방어할 준비가 되어 있다고 생각한다는 점입니다. 그리고 여러분이 종종 '대화'에서 은연중에 자주 사용하는 협박들을 (예를 들어, "만일 여러분이 이것을 하지 않으면, 우리 가족들은 교회를 떠날 것이고, 많은 사람들이 우리를 따라올 것입니다!") 여러분의 '확신'에 덧붙였을 때, 여러분은 상당한 분쟁의 가능성을 떠안고 있는 사람이 됩니다. 만일 이런 상황이 벌어진다면, 바로 그때 우리는 함께 자리에 앉아서, 빌립보서 2:1-18의 말씀을 한 목소리로 크게 읽어야 할 시점에 온 것입니다. 그 다음 단계는 방금 읽은 말씀을 우리 모두가 순종할 수 있게 해달라고 하나님의 도움을 구하며, 다함께 기도하는 것입니다.

내 서재에는 친구가 나를 위해 만들어준 조그만 메모장

이 있습니다. 그것은 내가 자주 사용하는 토마스 머튼^{Thomas Merton} 4의 문구를 인용한 내 설교를 친구가 듣고서 나를 위해 만들어준 것인데 거기에 적혀있는 문구는 바로 이것입니다.

> 모든 사람들, 사건들 그리고 상황들을 오직 자신에게 끼칠 결과만으로 판단하는 것은 지옥의 문턱에서 사는 것과 같다.[5]

만일 머튼의 말이 맞는다면, 상당수의 그리스도인들이 이 기심의 불구덩이 위에 앉아 있는 것이 됩니다. 왜냐하면 그들은 모든 사람들이 자신들에게 동의해 주며, 모든 일이 자신들의 방식대로 진행되기를 기대하고 있기 때문입니다. 루시퍼와 같이, 그들은 "가장 높은 자 같이"^{사 14:14} 되길 주장하고, 모든 이들의 삶 가운데서 하나님처럼 행세하려 합니다. 그 질병의 이름은 다름 아닌 '교만'이며, 그것은 치료하기에

---

4 Thomas Merton(1915-1968)은 20세기 초 미국에서 인기 있는 시인, 극작가 그리고 사회활동가로 활동하였고, 70여 권이 넘는 책을 저술했으며, 1949년 영국국교회 신부로 안수 받았다.*

5 Thomas Merton, *No Man Is an Island* (New York: Harcourt Brace Jovanovich, 1983), p. 24.

아주 어려운 병입니다.

신약학자 윌리엄 바클레이^{William Barclay} 6는 "교만은 다른 모든 죄를 자라게 하는 근거이며, 다른 모든 죄를 낳는 부모이다"라고 논평했습니다.[7] 하나님이 싫어하시는 다수의 죄 중에서 교만은 그 목록 가운데 가장 앞에 등장합니다.^{잠 6:16-17} 문제는, 교만은 때때로 종교적인 열심이라는 가면을 쓰기도 한다는 점입니다. 제일 편협한 시야를 가진 신자들이 믿음의 열렬한 수호자나 그리스도를 위한 군사들로 보일 수도 있습니다.

하나님의 일꾼들이 항상 바르게 판단하는 것은 아닙니다. 심지어 사도 바울도 하나님의 뜻에 대해 때때로 혼동했습니다.^{행 16:6-10, 고후 4:8} 다른 사람들이 당신에게 동의하지 않을 때에도 하나님이 그들에게 무엇이 바른지 보여주실 것을 신뢰하십시오.^{빌 3:15} 더불어 어쩌면 여러분이 틀릴 수도 있기

---

6 William Barclay(1907-1978) 목사는 스코틀랜드 태생으로 작가, 라디오 방송가, TV진행자로 활동하였고, 글래스고대학(University of Glasgow)에서 신학, 성경비평 그리고 신약을 가르쳤으며, 17권의 신약주석 전집을 집필하였다. 그것은 오늘날에도 여전히 베스트셀러로 남아있다.*

7 Tony Castle, *The New Book of Christian Quotations* (New York: Crossroad, 1984), p. 194.

에, 여러분에게도 보여주시기를 하나님께 요청하시기 바랍니다!

나는 언젠가 토저^{A. W. Tozer}가 이렇게 말한 것을 들은 적이 있습니다.

> 정직한 비평을 두려워하지 마십시오. 만일 그 비평의 당사자가 틀렸다면, 여러분이 그 사람을 도울 수 있겠지요. 그리고 만일 여러분이 틀렸다면, 그 사람이 여러분을 도울 수 있습니다. 어찌되었건, 누군가에겐 도움이 됩니다.

예수 그리스도를 위하여 사역하는 우리들은 예수 그리스도처럼 사역하도록 애써야 합니다. 예수님은 그분의 섬김은 고사하고, 그분의 임재조차도 과분한 열두 남자들의 발을 씻어 주셨습니다. 예수님은 자신의 말씀을 결코 받아들이지 않는 수많은 사람들을 용납했을 뿐 아니라 그들을 도와주셨습니다. 예수님은 그분을 원하지 않는 세상을 위해 죽으셨습니다. 왜, 주님이 그렇게 하셨습니까? 그것은 아버지의 뜻이었으며, 예수님은 그 아버지의 뜻을 이루시길 기뻐하셨습

니다.^시 40:8

여러분이 다른 사람들을 섬기는 동안, 주님은 여러분을 섬기고 있다는 사실을 부디 명심하십시오. 주님은 지상에서는 여러분과 더불어 일하고 계시고,^막 16:20 하늘로부터는 여러분을 온전케 구비시키고 계십니다.^히 13:20-21 여러분이 느끼기에 여러분의 섬김이 고통스럽고, 실망스럽다 하더라도, 그것은 허비하는 것이 아닙니다. 주님이 그의 교회를 세워 가시는 동안 하나님은 여러분의 인격을 세워 가실 것이고, 주님이 행하시는 것은 영원히 가치가 있습니다. 심지어 여러분이 당한 비평들도 충분히 애쓸 가치가 있도록 바꾸어 주십니다!

12. 웃음과 사역

 신학교에 다니는 동안에 나는 당시 대유럽선교회Greater Europe Mission의 선교책임자로 있던 노엘 리용Noel O. Lyons씨와 잘 알고 지냈습니다. 우리가 졸업한 이후에도 노엘은 나와 내 아내에게 계속 연락 하면서, 우리를 독일 선교사로 보내기 위해 그가 할 수 있는 최대한의 노력을 아끼지 않았습니다. 그는 매우 설득력 있는 사람이었지만, 주님은 우리 가정을 향한 다른 계획을 가지고 있으셨습니다.

 어느 날 나는 노엘에게 "당신은 GEM에 지원한 선교사 후보자들을 어떤 방식으로 평가하십니까?"라고 물었습니다. 그는 GEM 단체의 선교사 후보자 프로그램을 설명해 준 뒤,

한 가지를 덧붙였습니다. "나는 유머 감각이 없는 사람을 선교 현장에 보내지 않습니다. 선교사 후보자로 얼마나 많은 훈련을 받았으며 얼마나 뛰어난 능력을 지녔는지 상관없이, 유머 감각이 없다면 그 사람은 선교 현장에서 살아남을 수 없습니다."

그리스도인들 중에 유머에 호의적이지 않은 분들은 대개 진지한 것과 엄숙한 것을 혼동하는 경향이 있습니다. 칼뱅니스트 시드니 해리스Sydney Harris [1]는 "하나님은 절대 엄숙한 분이 아니시다. 만일 하나님이 엄숙하시다면 웃음의 은사라는 헤아릴 수 없는 축복을 인간에게 주시지 않으셨을 것이다"라고 설명했습니다.[2] 청교도들은 대개 인정사정도 없고, 유머 감각도 없는 사람처럼 풍자만화에 묘사되지만, 청교도 설교자인 리처드 백스터Richard Baxter [3]는 이렇게 조언했습니다.

---

[1] Sydney J. Harris(1917-1986)는 미국의 언론인, 비평가로 시카고 신문사(Chicago Daily News)의 논설위원이었으며, 그의 칼럼 "엄정한 인물 비평"은 미국과 캐나다에 있는 다수의 신문사에 공급될 정도로 인기가 높았다.*

[2] Tony Castle, *The New Book of Christian Quotations* (New York: Crossroad, 1984), p. 141.

[3] Richard Baxter(1615-1691)는 뜨거운 구령(救靈)의 열정을 가진 목회자로 지옥의 불구덩이로 떨어지는 영혼들을 향해 불타는 심령으로 구원의

경건한 사람들 중에서 더욱 더 유쾌한 사람들과 교제하세요.
성도들이 지닌 즐거움과 같은 즐거움이 세상에 또 어디에 있
겠습니까.[4]

나는 하나님이 나에게 유머 감각을 주신 것에 대해 늘 감사하게 여기고 있습니다. 만일 천국에 웃음이 없다면, 나는 하나님께 들락날락하는 특권을 요청해서라도 사람들의 웃음이 있는 행성을 찾아 낼 것입니다. 역설처럼 들리긴 하겠지만, 웃음은 진지한 사업입니다. 심지어 프로이트Freud [5]도 『농담과 무의식과의 상호연관성』Jokes and Their Relation to the Unconscions

---

손길을 뻗지 않는 자는 목회자가 되어서는 안 된다고 믿었으며, 그 자신이 상아탑 속에 갇힌 점잖은 신학자가 되기를 원치 않았다. 그는 자신이 가진 성경지식과 신학지식은 오직 죄인을 회개시켜 지옥의 낭떠러지에서 구출하는 데 이바지해야 한다고 믿었다. 그래서 그의 설교는 언제나 인생 최후로 전하는 설교와 같이 선포되었다. 영국국교도의 주교(主敎) 제의를 거부하고 평생 비국교도 목사로 청교도 신앙을 전파하였다. 여러 권의 저서 가운데 『참 목자상』은 여전히 사역자들에게 애독되고 있는 대표적인 작품이다.*

4 Castle, *New Quotations*, p. 141.
5 Sigmund Freud(1856~1939)는 체코슬로바키아의 프라볼에서 출생한 사상가이자 신경과 의사로서 정신의학, 사회심리학, 문화인류학, 교육학, 범죄학, 문예비평 등에 지대한 영향을 끼친 정신분석의 창시자이다. 1900년 이후 꿈, 착각, 해학과 같은 정상심리학까지 그 연구 영역을 확대하였다. 다수의 저서 가운데 『꿈의 해석』(1900)은 그의 대표적인 작품이다.*

이라는 제목의 책을 저술하기도 했습니다. 만일 여러분이 사람들이 정말로 어떤 사람인지를 알기 원한다면, 그들을 화내게 만드는 것, 울게 만드는 것 그리고 웃게 만드는 것을 찾아내 보십시오. 그 검사가 절대적인 것은 아니지만, 어쨌든 그 검사가 얼마나 많은 것을 보여주는지 여러분은 아마 놀라실 것입니다.

유머 감각은 다음의 몇몇 이유들로 인해 기독교 사역 가운데 중요한 위치를 지닙니다. 우선적으로, 여러분 자신에 대해 그리고 여러분을 둘러싼 상황 가운데서 웃을 수 있다는 것은 여러분이 실수를 하거나 일이 잘 되지 않을 때에 여러분이 균형을 유지할 수 있도록 도와줍니다. 웃을 수 있는 사람은 그들 자신과 그들의 일에 대해서 건강하고도 균형 잡힌 시야를 지니고 있습니다. 물론 그 사람들도 닥쳐진 상황을 상당히 심각하게 대처하긴 하겠지만 '자신들이 실패했기 때문에 하나님도 실패할 것이다'라고 생각하는 그 정도까지 심각해지지는 않습니다. 웃음은 현실로부터 도피하는 것이 아닙니다. 웃음은 우리가 현실을 이해하고, 더 나아가 그 현실을 극복해 나갈 수 있게 해주는 증거이기도 합니다.

웃음은 또한 사람들이 더욱 효과적으로 협력하도록 도와주는 활력소가 되기도 합니다. 초창기의 YFC 사역에서 내가 매료당한 것 중의 하나는 동역자들이 한 순간 떠들썩하게 웃다가도 다음 순간 이내 무릎을 꿇고 눈물을 흘리며 기도할 수 있는 그런 분위기 때문이었습니다. 정말 그들은 기도할 때 진지한 만큼이나 웃을 때도 진지했습니다. 나는 위원회 사업 회의 도중에 유머가 긴장을 해소시키며, 그 위원들이 주눅들지 않고 자유롭게 하며, 그 회의를 지속할 수 있게 해주는 것을 지켜봐 왔습니다.

어떤 이는 유머 있는 사람을 "한 번에 한 가지 이상을 볼 수 있는 사람"으로 정의 내리기도 했습니다. 다른 사람들이 갈라놓은 문제를 생각 속에서 함께 연결시켜 주는 그 능력과 더불어 그 조화된 연결 가운데 터지는 좌중의 웃음은 유머 있는 사람이 모임을 주도해 가도록 이끌어 줍니다. 창조적인 사람들은 대개 좋은 유머 감각을 지녔을 뿐 아니라 유머를 조정하는 법도 알고 있지요.

하지만 우리가 거룩하게 섬기는 시간 중에는 유머는 금기시 됩니다. 여러분은 성경책을 농담 책으로 바꾸거나, 필립스 브룩스Philips Brooks 6가 이름 붙인 "농담하는 목회자"가 되어서는 곤란합니다. 나는 장례식에 대한 일련의 농담시리즈로 설교를 시작했던 한 설교자를 기억합니다. 나는 마음속으로 너무 괴로워 어찌 할 줄을 몰랐습니다. 왜냐하면 그 회중 가운데에는 바로 몇 주 전에 자살한 남편의 미망인이 앉아 있었기 때문입니다. 그 설교자는 웃는 사람들이 거의 없다는 것에 너무 당황해 했습니다. 주님을 섬기는 데 있어, 종종 재치가 필요한 자리도 있지만 코미디를 위한 자리는 거의 없습니다.

적절한 시간에 적절한 이유로 웃을 수 있게 해주는 능력은 엄청난 치료약과 상당한 치료요법보다도 여러분을 훨씬 더 유익하게 해주는 하나님께로부터 온 선물입니다. 마음의 즐거움은 여전히 좋은 약잠 17:22이 되고, 복음은 여전히 좋은 소식이 되고, 하나님은 여전히 당신의 자녀들에게 "모든 것을 후히 주사 누리도록"하십니다. 딤전 6:17 그렇다고 해서 우리의 웃음이 책임으로부터 우리를 회피하게 만드는 그런 것이

---

6 Philips Brooks(1835-1893)목사는 보스턴에서 출생하여 하버드를 졸업한 후 미국 성공회교회에서 목회했으며, 뛰어난 설교자, 저술가로 활동하였다.*

아니라 우리가 정직하게 삶에 직면하도록 힘을 북돋아주는 것이 되어야 합니다. 웃음과 눈물은 종종 함께합니다. 이들은 서로를 약화시키지 않습니다. 오히려 이들은 서로를 조화되게, 풍요롭게 만들어서 우리가 분별력을 유지하도록 인도합니다.

마크 트웨인Mark Twain 7이 『적도를 따라서』Following the Equator라는 그의 책에서 "천국에는 유머가 없다"고 썼는데 이것은 사실이 아닙니다. 만일 천국에 유머가 없다면, 지상에도 유머가 없을 것입니다. 왜냐하면 우리는 하나님의 형상대로 지음 받은 존재이기 때문입니다. 어딘 가에서 C. S. 루이스C. S. Lewis는 이렇게 썼습니다. "기쁨은 천국의 진지한 사업입니다." 나는 루이스에게 찬성표를 던지렵니다.

만일 주님이 국가들의 반역에 웃음을 멈추시고,시 2:4 우리의 재미없는 사업회나 엄숙한 예배를 주시하신다면, 주님은 거의 웃지 않으실 것입니다. 하지만 만일 우리가 주님과

---

7 Mark Twain(1835-1910)은 미국의 소설가, 사회 풍자가로 본명은 Samuel Langhorne Clemens. 남북전쟁 뒤의 미국 리얼리즘문학을 대표하는 작가의 한 사람이다. 대표 저서로는 『톰소여의 모험』, 『왕자와 거지』, 『허클베리 핀의 모험』 등이 있다.*

12. 웃음과 사역   143

더불어 웃지 않는다면 우리가 무엇인가 잘못되어 있는 것이 겠지요.

찰스 브리지스Charles R. Bridges [8]는 잠언에 대한 그의 고전 주석에서 이렇게 썼습니다.

> 그리스도인들의 기쁨은 참으로 중요합니다. 우울함이 하나님의 자녀들의 일부분이 되어 나타나서는 안 되며, 그것이 하나님 자녀들의 인격을 짓밟도록 가만히 놔두어서도 안됩니다.[9]

나는 찰스의 의견에 동감합니다. 우리는 지상에서 가장 진지한 일을 감당하는 바쁜 일상 가운데서도 거룩한 유머 감각을 배양시킬 필요가 있습니다. 예수님은 '슬픔의 사람'이셨지만, '기쁨의 유산'을 우리에게 남겨주셨습니다. 요 17:13 따라서 우리는 이 기쁨에 투자해야만 합니다.

---

8 Charles R. Bridges(1794-1869) 목사는 영국국교회에 소속된 설교자, 신학자로 복음주의 그룹의 지도자였다. 그의 설교는 동시대의 사람들에게 잘 맞추어져 있었고, 오늘날까지도 그의 설교는 영미문학에 상당한 영향을 주었다. 잠언 외에도, 시편, 전도서 등 여러 권의 주석을 집필하였다.*

9 Charles Bridges, *An Exposition of Proverbs* (Grand Rapids, Mich.: Zondervan, 1959), p. 274.

13. 다리를 놓는 사역

 한 사람이 어떤 컨퍼런스에서 "나는 21년 동안 주님을 위해 사역했습니다"라고 자랑스럽게 소개말을 했습니다.

 내 옆 자리에 앉아있던 친구는 내 귀에 대고는 귓속말로 나지막이 말했습니다. "사실 저 친구는 삼 년에 한 번씩 사역지를 바꾸었다네. 저 친구는 종이 위에 자기 이름을 도장 찍어대듯이 너무 자주 사역을 바꾸었어."

 인정해야 할 것은, 어떤 사람들은 중간에서 다리를 놓는 사람들입니다. 이들은 남겨진 업무를 정돈하고, 그 다음 일꾼들을 위해 준비를 해 놓고는 다른 곳으로 떠나갑니다. 하지만 여러분이 목회자이거나, 교회 직원이거나 또는 캠프

상담가이든지 간에 '골치 아픈 일들 곁에 함께 머무는 일'과 그 문제들이 해결될 때까지 견디어 내는 일에는 무언가 모를 고귀함과 풍성함이 담겨져 있음을 아셔야 합니다. 그런 종류의 태도는 사역을 위해서도 유익이 될 뿐 아니라, 일꾼 자신에게도 유익이 됩니다. 왜냐하면 업무와 함께 그 자리에 머물러 있는 것은 여러분을 성장시킬 뿐 아니라 그 다음 차례에 맞이할 업무를 준비하는 데에도 도움을 주기 때문입니다.

나는 몇 년 전에 신문에서 오려둔 한 인용구절을 책상 유리 밑에 수년 동안 놓아두었습니다. 오려낸 신문 조각은 이제 색이 많이 바랬지만 내용은 여전히 선명합니다.

> 모든 평범한 상황들을 아주 위대한 상황으로 만들어 내십시오! 누군가가 언제 어디서 더 중요한 자리를 놓고 여러분을 평가하는지 알 수 없기 때문입니다.

이 인용구는 말스덴^{Marsden}이라는 성을 가진 어떤 사람의 말이라고 나와 있긴 하지만 여러분이 찾아 볼 수 있도록 정확한 출처를 알려드릴 수가 없어 유감입니다. 어쨌든 그것을 발견해 여러분에게 전달해 줄 수 있다는 사실이 기쁩니다.

말스덴의 인용구는 설교를 위한 유용한 문장으로 전환될 수 있습니다. 만일 내가 그것을 어떻게든 사용한다면, 적어도 네 가지의 적용을 포함해서 설교할 수 있을 것 같습니다. ① 우리의 사역은 우리를 성장시키도록 예정되어 있습니다. ② 우리는 항상 평가받습니다. ③ 각각의 업무는 그 다음 순간을 위해 우리를 준비시킵니다. ④ 우리가 준비되었다고 주님이 보실 그때에 주님은 우리를 이동시키실 수 있습니다. 이 적용들을 지지해 줄 성경본문이 필요하다면 나는 마태복음 25:21에 있는 우리 주님이 하신 말씀을 인용할 것입니다.

> 그 주인이 이르되 잘하였도다 착하고 충성된 종아 네가 적은 일에 충성하였으매 내가 많은 것을 네게 맡기리니 네 주인의 즐거움에 참여할지어다 하고(마 25:21).

만일 주님을 향한 우리의 섬김이 우리를 자라게 하지 못한다면, 이 두 가지 중 하나는 사실일 것입니다. 먼저는 우리가 적절하지 않은 자리에 머물러 있을 수 있습니다. 다음으로는 우리가 적절한 자리에서 옳지 않은 태도를 지니고 있을 수도 있습니다. 물론 두 경우 다 비극적인 일이긴 하지요. 하지만 사역 현장에서의 불행이 필연적으로 여러분이 **잘못된** 자리에 있다는 것만을 의미하는 것은 아니기에 너무 성급하게 그만두지는 마십시오. 하나님은 사역의 유익뿐 아니라 여러분의 유익을 위하여 당신을 그 자리에 놓아 두셨는지도 모르니까요. 아마도 하나님은 여러분의 삶에서 이루시길 원하시는 아직 종결되지 않은 그분의 업무를 가지고 계실 수도 있습니다.

나는 내가 하고 있는 일에 대해 편안한 것을 좋아하는 그런 부류의 사람입니다. 나는 잦은 변화나 예상 밖의 상황을 그다지 반기는 편이 아닙니다. 나의 안락한 공간은 그리 크지는 않습니다만 외부로부터 잘 보호되어 있습니다. 하지만, 주님은 내 안일의 방어벽이 정기적으로 허물어지도록 주관하십니다. 주님은 내가 너무 안일함에 빠지거나, 또는 사역의 편안함 속에 젖어있기를 원치 않으십니다. 만일 내가 무사 안일의 사역 속에 젖어있다면, 그분은 내가 성장하기를 멈출 것이라는 사실을 알고 계십니다. 그렇게 된다면 이후 나의 사역은 중고시장에서 팔다가 팔리지 않아 남겨진 물건들 정도의 형편없는 수준으로 떨어지게 될 것입니다.

  몇 십 년 전에, 내 친척 중의 한 분이 초등학교 3학년 때 고의적으로 유급했는데 이유인즉슨 자신이 4학년에 올라가면 연필이 아닌 잉크 펜을 사용해 글을 써야 했기 때문이라고 했습니다. 나는 만일 그가 4학년에 올라가는 것이 컴퓨터로 글을 쓰는 것을 의미했다면, 그가 어떻게 반응했을지 궁금했습니다. 사실 나는 나의 아끼는 타자기 시대를 마감하고, 컴퓨터로(나는 심지어 전기 타자기도 거부했습니다!) 바꾸기까지 상당히 오랜 시간을 버티어 왔습니다. 그렇지만 결국 바꾸고야 말았습니다. 나는 지금에서야 바꾸기를 잘했다고 여기지만 그 전환기는 매우 힘이 들었습니다. 왜 힘들었을까요? 그 이유는 내가 컴퓨터에 대해 배운 것보다도 내가 내 자신에 대해 더 많이 배워왔기 때문이지요. 그래서 내 자신에 대해 알고 있었던 익숙한 사실들이 새로운 것을 배우지 못하도록 나를 방해했던 것입니다.

  하나님이 우리에게 부여한 임무가 어려운 까닭은 그것이

바로 우리의 성숙을 위해 하나님이 우리에게 주신 애정의 선물들이라는 것입니다. 2차 세계대전 당시에 6일마다 배한 척씩을 생산하는 공장을 소유했던 미국의 저명한 기업가 헨리 카이저Henry Kaiser 1는 "어려움은 작업복으로 위장된 기회들일 뿐이다"라고 말하곤 했습니다. 주님이 정신적으로 잠옷과 목욕가운을 걸치고 있는 나를 바라보실 때, 그분은 물건들을 뒤엎기 시작하실 터이고, 나를 옷을 바꿔 입히고는 일터로 곧장 달려 나가게 만드실 것입니다. 사역이 내 자신을 필요로 하는 것보다 내가 그 사역을 더욱 필요로 합니다. 기독교 사역은 우리를 성장시키도록 되어 있어서, 우리가 적절한 태도를 갖추고 적절한 자리에 있다면, 우리는 성장

---

1 Henry John Kaiser(1882-1967)는 뉴욕출생의 기업가로 13세에 학교를 그만두고 사진 견습공이 되었다. 20세에 사업을 시작해 1914년 캐나다의 밴쿠버에서 자신의 건설회사를 시작해 쿠바 고속도로 300마일을 포함하여 정부 발주공사를 시공하였다. 1931년 후버댐(Hoover Dam)을 건설하기 위한 기업연합체를 조직했고, 오클랜드-샌프란시스코만의 교각공사를 시행하였고, 1939년에는 샤스타 댐(Shasta Dam)건설을 위한 시멘트를 생산하였다. 미국 철도를 부설하는 공사감독관이 되었고, 이후 시애틀과 타코마에서 조선업을 시작해 2차 세계대전 동안 그의 조선소는 미국 해군을 위해 1,460여 척의 리버티선(Liberty Ship: 미국이 2차 대전 중 대량으로 건조한 중형규격의 수송선)을 건조하였다. 매사에 긍정적인 자세와 열정으로 남들이 하지 않는 분야를 개척했으며 수많은 일화를 남긴 기업가이다.*

해 나갈 것입니다.

우리는 언제나 평가받습니다. 하나님은 우리를 평가하시고, 사람들도 우리를 평가하지요. 기독교 사역과 일꾼들을 평가할 때, 다른 사람들은 실수할 수 있으며, 우리 역시 실수할 수 있습니다. 많은 기독교 사역자들은 그들 자신을 마땅히 생각해야 할 그 이상으로 더 높이거나,[롬 12:3] 그렇지 않으면 더 하찮게 자신들을 깎아 내리는 경향이 있습니다. 만일 우리가 자기 자신을 너무 대단하게 여긴다면, 우리는 교만해져서, 우리가 생각하는 바가 가장 중요한 위치를 차지하도록 우리 자신의 방법을 강요하려고 할 것입니다. 만일 우리가 우리 자신을 하찮게 여긴다면, 우리는 낙담하게 될 것이고, 마침내 그만두기를 원할 것입니다. 두 가지 태도 모두 옳지 않습니다.

우리 자신과 우리의 사역 모두를 가장 정확하게 평가하실 수 있는 유일한 분은 주님밖에 없습니다. 하지만 주님은 당신이 생각하는 바를 우리들에게 항상 알려주지는 않으시지요. 헤롯 왕의 지하 감옥에서 쇠약해질 대로 쇠약해진 세례(침례) 요한은 자신이 실패자라고 확신했을 겁니다.[마 11:1-19] 그리고 모세는 수 차례 더 이상 사람들의 불평을 들어줄 여력이 없다고 확신했기에 그만두기를 원했습니다. (한 여행 잡지에 그리스 아테네에 있는 한 호텔의 광고 문구가 소개되었습니다. "저희 호텔에서는 오전 9시부터 오전 11시 사이에만 고객들의 불만사항을 접수합니다." 그렇지만 모세에게는 이런 표시가 소용없었습니다. 이스라엘 백성들은 본능에 따라 입에서 나오는 대로 모세에게 불평을 쏟아 부었습니다.)

하나님이 여러분을 격려하시고, 여러분이 잘하고 있다는 사실을 여러분에게 알려주시길 원하실 때가 있습니다. 그때에 하나님은 때때로 사람들로 하여금 고맙다는 말을 하도록 이끄시기도 하십니다. 사람들은 여러분에게 전화를 하거나, 편지를 쓰거나 또는 여러분에게 개인적으로 고마워한다고 표현할 수도 있을 것입니다. 필립스 브룩스는 자신에게 고맙게 생각하는 교회 성도들로부터 받았던 몇 통의 편지를 잘 간직하여 두었다가, 고통스런 시간 가운데 이따금씩 그 편지들을 읽곤 했습니다. 나는 여러분이 팬클럽을 만들거나 그런 감사 편지의 수집을 지금부터 시작하라고 추천하고 싶지는 않습니다. 하지만 여러분에게 정직하게 고마워하는 표현을 보이는 이들에게 여러분은 참으로 감사히 여겨야 하며, 주님으로부터 칭찬이 온 것같이 겸손함으로 이들을 받아주기를 권해 드립니다.

가끔은 주님이 매우 특별한 기도의 응답으로 여러분을 격려하시기도 합니다. 그것은 "네가 행하는 것과 너의 삶 가운데 보이는 것들이 참으로 나에게 기쁨이 되는구나"라고 말씀하시는 주님의 방법이기도 하지요. 이런 특별한 기도의 응답이 나타나면, 원수들로부터 자신들이 구출된 이후의 유대인들같이 행동하는 여러분 자신을 보게 될 것입니다.

> 여호와께서 시온의 포로를 돌려 보내실 때에 우리는 꿈꾸는 것 같았도다 그 때에 우리 입에는 웃음이 가득하고 우리 혀에는 찬양이 찼었도다(시 126:1-2a).

여기서 한 가지 주의해야 할 점이 있습니다. 원수들로부터의 파상적인 공격을 대비하십시오. 왜냐하면 사탄은 하나님의 자녀들이 격려 받는 것을 아주 싫어하기 때문입니다.

주님이 여러분을 평가하시고 인정하신다는 또 다른 증거

는 새로운 기회의 문들이 열리는 것입니다. 만일 여러분이 적은 일들에 충성해 왔다면, 하나님은 더 많은 것을 주실 것입니다. 물론, 그것은 더 많은 일을 의미하는 것입니다. 그렇지만 하나님은 여러분을 오랫동안 평가해 오셨고, 여러분이 그 일을 감당할 수 있다는 것을 하나님은 확신하시고 계십니다. 수년에 걸쳐서, 신실한 하나님의 일꾼들이 성장하며, 하나님의 영광을 위해 그들의 사역이 확장되는 것을 지켜보는 일은 참으로 흥분되는 일입니다. 그것은 노년기에 만나는 보기 드문 보상 중의 하나입니다.

중요한 점은 우리가 우리 자신의 일을 감당하는 것이기에 우리 자신을 평가하는 데 있어 너무 많은 시간을 낭비하지 말아야 한다는 것입니다. 스코틀랜드의 조지 모리슨 George Morrison [2] 목사는 이렇게 말했습니다. "비록 실패의 감정에 사

---

2 George Morrison(1866-1928) 목사는 스코틀랜드 태생으로 대학 졸업 후 옥스퍼드의 James Murray 교수를 도와 『옥스퍼드 영어 사전』(*The Oxford English Dictionary*) 준비 작업에 참여하였다. 그 후 목회에 대한 강한 소명을 받아 자유교회대학(Free Church College)에서 신학 공부를 하여, 1902년부터 죽을 때까지 글래스고(Glasgow)의 웰링턴 연합 자유교회(*Wellington United Free Church*)를 포함한 여러 교회에서 목회하였다. 위대한 설교자인 동시에 위대한 목회자였으며, 항상 하나님의 말씀으로 사람들의 필요에 응하려 애쓰고, 청중을 주님 가까이로 인도하려고 애쓰는

로잡혀 있다 할지라도 최선의 노력을 경주하는 사람들은 항상 더 많은 일을 성취합니다. 그러기에 선하고 진실하십시오. 인내하십시오. 담대하십시오. 여러분의 유용함을 하나님이 평가하시도록 온전히 맡기십시오. 하나님은 여러분이 헛되이 살지 않도록 인도하실 것입니다."³

나는 말스덴의 인용구로부터 '설교'의 두 가지 적용사항을 말씀 드렸습니다. 이 두 가지는 우리의 사역이 우리를 성장시키도록 예정되어 있으며, 우리는 항상 평가받는다는 것입니다. 세 번째의 핵심은 분명합니다. 각각의 업무는 그 다음 차례를 위해 우리를 준비시킵니다.

성경은 이 원리의 많은 실제적인 예들을 가지고 있습니다. 요셉은 일꾼으로서 신실했습니다. 그래서 하나님은 요셉이 이집트의 두 번째 치리자가 되도록 요셉을 높이셨습니다. 여호수아는 모세를 돕는 자로서 신실했습니다. 그래서 하나님은 모세의 후계자로 그를 세우셨습니다. 다윗은 목자로서 신

설교자였다.*
3 George H. Morrison, *The Wind on the Heath* (London: Hodder and Stoughton, 1915), p. 10.

실했기에, 하나님은 이스라엘의 왕으로 그를 세우셨습니다. 인정해야 할 것은 우리들 대다수는 강력한 통치자가 되지는 못한다는 것입니다. 하지만 이 원리는 여전히 적용됩니다. 각각의 임무는 우리에게 그 다음 임무를 위한 준비가 되는 것입니다.

하지만, 나는 이 지점에서 하나의 경고를 분명히 일러드려야 하겠습니다. 하나님의 일꾼들은 결단코 더 높아지기 위해 일시적인 디딤돌을 쌓는 것처럼 자신들에게 맡겨진 임무를 이용하는 일을 해서는 안 된다는 것입니다. 주님의 사역에서 '피라미드의 야심가들'을 위한 자리는 그 어디에도 없습니다. 그들은 최고 꼭대기에 올라가기를 너무 갈망한 나머지 이 중요한 사실을 잊고 살아갑니다.

> 무릇 높이는 일이
> 동쪽에서나 서쪽에서 말미암지 아니하며
> 남쪽에서도 말미암지 아니하고
> 오직 재판장이신 하나님이 이를 낮추시고
> 저를 높이시느니라(시 75:6-7).

만일 여러분이 높아지길 원해서 자신을 높이려는 여러분의 모습을 조금이라도 보게 된다면, 에스더를 읽으며, 하만을 잘 살펴볼 필요가 있습니다. 하나님은 우리가 야망을 가지길 원하시지만, 명심해야 할 것은 그것이 경건의 야망이어야 한다는 것입니다.

이것은 네 번째 적용으로 인도합니다. 주님은 우리가 준비되었다고 보실 그 때에 아마도 우리를 이동시키실지도 모릅니다. 내가 "아마도 이동 시키실지 모른다"라고 말한 이유는 이따금씩 주님은 당신의 사역자들을 그들이 있는 그 자리에 가만히 머무르게 놓아두시기 때문입니다. 그래서 그들 안에서, 그들을 통해서 주님은 특별한 사역을 이루어 가실 수 있습니다. 사역의 크기가 주목할 만한 것은 아닙니다. 하나님이 이루시기 원하시는 사역이 어떤 것인가가 중요한 것입니다.

하지만 '오랫동안 한 사역지에서 머무는 것이 반드시 쉬운 것이다'라는 생각은 버려야 합니다. 왜냐하면 한 사역의 현장에서 오랜 기간 머무는 것은 쉽지 않기 때문입니다. 많은 사역들이 새로운 인물들이 사역의 현장 가운데 나타나,

창문을 열고 신선한 공기가 들어오게 함으로 더욱 좋아집니다. 주일학교 교사나 교회의 사무원들은 주의하지 않는다면 하나의 제도에 고정될 수 있습니다. 다른 사람들의 창조성을 억누르지 않고, 필요가 요구되는 변화를 가로막지 않으며, 오랜 기간 동안 동일한 사역지에서 머물러 있으려면 아주 특별한 사람이 되어야만 합니다. 여러분은 계속 성장해야 하며, 새로운 세대와 함께 계속적으로 교제해야만 합니다. 그래서 어떤 상황과 관련하여 변화를 허용하지 않는 구시대적 관점만을 드러내지 않도록 해야 합니다.

하나님의 일꾼들이 이동할 때가 왔을 때, 하나님의 계획은 결코 잘못되지 않으며, 그분의 타이밍은 결코 빗나가지 않습니다. 때때로 하나님은 우리를 아주 거창한 자리로 이동시키기도 하십니다. 하지만 때로는 우리를 보잘 것 없는 자리로 인도하셔서 우리 스스로 그 자리를 키워가게 만들기도 하십니다. 하나님은 우리가 온전히 준비되지 않았다고 느끼며, 우리가 전혀 편안하게 느끼지 않는 그런 상황 속으로 우리를 보내시기도 하십니다. 그렇다면 더욱 좋은 것입니다. 주님은 우리에게 자라갈 여지를 베푸시는 것입니다.

나는 여러분이 말스덴의 인용구절을 복사해서, 그것을 수시로 볼 수 있는 곳에 붙여 두길 권합니다. 더욱 더 좋은 것은 그 인용문을 마태복음 25:21과 함께 외우는 것입니다. 주님은 여러분을 위해 아주 놀라운 일들을 계획하고 계십니다. 그러므로 그러한 하나님의 계획들에 여러분이 항상 잘 준비되어 있기를 기대합니다.

하나님의
일꾼과
On Being a Servant 사역
of God

14. 전환기의 사역

　나는 앞 장에서 한 주제를 선택해서 언제 그리고 어떻게 사역을 내려놓으며, 다음 자리로 이동할 것인지에 대해서 여러분과 잠시 동안 대화 나누길 원합니다. 모든 사람이 30년 동안 한 교회에서 목회하거나 또는 일평생 주일학교에서 '여전히 젊은 마음으로'라는 과목을 가르칠 것을 기대하지는 않습니다. 나는 90의 연세에도 성가대에서 여전히 찬양하는 한 남성을 알고 있는데, 그분은 좀 예외가 되는 것 같습니다. 하지만 나는 그분의 목소리가 변할 시점에 성가대를 그만둘 만큼 충분히 그분이 현명해지기를 희망합니다. 사역지를 언제 이동할지와 어떻게 이동할지를 안다는 것은 여러분의 기독교 사역에 특별한 기쁨을 더해 줄 것입니다. 하지만 너무 오랫동안 매달려 있거나 또는 생각 없이 충동적으로 이동을 하려는 것은 여러분과 여러분의 교회 양쪽 모두에게 상처를 줄 수 있습니다.

주님의 사역 가운데에 성령님 외에는 어느 누구도 꼭 있어야만 되는 존재가 아니라는 명백한 사실로부터 이야기해 봅시다. 우리가 나타나기 이전부터 교회는 존재했고, 또 우리가 떠난 이후에도 교회는 오랫동안 지속할 것입니다. '우리가 없으면 사람들이 잘 꾸려 나갈 수 없을 거야'라고 우리가 우리 스스로에게 말하며, 우리의 자아를 세뇌시키는 시기가 있습니다. 하지만 분별력 있는 순간 가운데, 우리의 이러한 생각들은 완전한 환상이라는 사실을 우리는 인정하게 됩니다. 50년도 훨씬 넘는 사역 동안에, 나는 세 개의 교회와 두 군데의 선교단체 사역, 더불어 서너 개의 이사직에서 사임했는데, 이후에 그 업무는 잘 진행되었을 뿐 아니라 내가 그 자리에 있을 때보다 더욱 더 나아졌습니다! 나는 절대 필수적인 존재가 아니었습니다.

두 번째 분명한 사실은 이것인데, 거의 모든 상황에서, 우리가 섬기는 사람들은 변화를 거부하는 경향이 있으며, 우리가 그 자리에서 계속 머물러 주기를 간청할 것입니다. 사람들이 이렇게 하는 것은 우리를 향한 사람들의 크나큰 사랑 또는 그들에 대한 우리의 위대한 사역 때문에서가 아니라 그들이 후임자를 구하는 골치 아픈 과정을 원하지 않기 때문입니다. (혹 여러분의 직책을 원하는 누군가가 교회 구성원 안에 있거나, 또는 여러분이 담임목사이고, 목회지를 찾고 있는 처남을 둔 누군가가 교회 안에 있다면 이러한 일반화는 적용되지 않겠지요.)
"쓸데없이 풍파를 일으키지 말라"는 이 말은 자신들의 나침반과 방향키를 잃어버린 지 상당히 오랜 시간이 흘러서 점차적으로 만족과 평온의 바다 속으로 침몰하고 있는 많은 사역들의 감추어진 좌우명이기도 하지요.

"오, 당신이 없으면 우리는 어떻게 합니까?"

나의 첫 번째 목회지에서 내가 사임할 때 교회의 한 성도가 슬픈 음성으로 말했습니다.

"더 잘 될 겁니다."

나는 대답했고 내 말은 틀리지 않았지요.

내가 "성경 속으로"Back to the Bible라는 라디오 프로그램의 총

팔 책임자의 자리에서 사임했을 때, 어떤 라디오 청취자는 내가 하나님의 뜻을 거역하고 있다는 내용을 알리는 매우 심각한 한 통의 편지를 나에게 보내기도 했습니다. (내가 항상 깜짝 놀라는 사실은 내가 말씀 가운데 자주 숙고하며, 고민하는 시간을 가지면서 하나님이 나에게 바라시는 바를 발견하기 위해 기도하는 때에 하나님이 내 삶을 위한 당신의 뜻을 어떻게 다른 사람에게 그렇게 분명하게 알게 하시는가 하는 것입니다.) 나는 부드럽지만 숨김없이 꼭 집어서 답변해 주었습니다. 내가 하나님의 뜻을 알았거나 또는 하나님의 뜻을 모르거나 둘 중의 하나라고 일러주었습니다. 만일 내가 하나님의 뜻을 알았다면, 나는 순종해야만 합니다. 만일 내가 하나님의 뜻을 몰랐다면, 그곳에 계속 남아 있기엔 위험한 지도자였고, 그래서 내가 사역에 없는 편이 더 한층 나아질 것입니다. 어느 쪽이든, 내가 그만두는 것이 현명한 것입니다. 주님은 청취자가 답장을 보내지 않아도 되게 이끄셨습니다.

새로운 일꾼들을 임명하거나, 새로운 직분자들을 선출하려고 할 때에 많은 사역들이 불분명하게 흘러가는 한 가지 이유는 새로운 누군가가 현 상태의 안정을 뒤바꿀 가능성이 있기 때문입니다. 사람들은 서로 일하면서 보다 익숙해지고, 그들은 남모르는 가족들의 일도 서로 알게 됩니다. 그래서 새로운 사람이 다가와서 "왜 우리는 그 일을 이런 식으로 하나요?"라고 물을 때에, 사람들은 별로 좋아하지 않습니다. 나도 일전에 교회의 운영회의에서 성찬식이 왜 이렇게 진행되는지에 대해 이의를 제기한 적이 있습니다. 사람들의 반응으로만 보아서는 내가 주님이 흘린 속죄의 피를 거부한 줄 알았을 것입니다. 영구직 위원들이 있는 사역들은 특별히 더 취약합니다. 만일 그들이 주의를 기울이지 않으면, 그 위원회의 회원들은 점차적으로 성화된 무기력증 환자가 되어버릴 수 있습니다. 하나됨이 획일화 되기 시작할 때는, 혈액 투석을 해야 할 때가 된 것입니다.

우리가 ① 피곤하고 낙심되었을 때, ② 원하는 방향대로 일이 진행되지 않을 때, ③ 인정받지 못한다고 느끼거나 무슨 업적을 기대할 때, 절대 그만두어서는 안 되는 메대와 바사의 변개치 못할 법이 있습니다.

피로와 낙심에 대해 잠시 살펴봅시다. 상당수 하나님의 일꾼들이 엘리야처럼^{왕상 19장} 피곤의 영을 성령님으로 착각하여 포기하고, 도망 간 것을 후회스럽게 여깁니다. 낙심과 우울은 그리스도인들을 멀리 돌아가게 만드는 사탄의 주된 두 가지 계략입니다. 성자로 불리는 영성학자 프랑수아 페네롱^{François Fenelon}[1]은 낙심을 "상처받은 절망자의 자기연민"이라 불렀습니다. 만일 우리가 정직하다면, 우리도 낙심을 그렇게 동일하게 불러야 할 것입니다.

여러분의 심신이 지쳐있고, 그만두고 싶다고 느낄 때마다, 낮잠을 취하고, 가벼운 산책을 하거나, 회복을 위한 당일 여행을 혼자 다녀오기를 추천합니다. 분별력 있는 친구와 점심을 함께하며, 담소하는 것도 좋겠지요. 후회할 수 있는 결심을 하기 이전에 여러분 자신과 여러분의 사역에 대해 신선한 시각을 가지십시오. 여러분이 최고의 상태가 아닐 때 내린 어떤 중요한 결정은 잘못되기 쉽기에, 성급해서는 안 됩니다.

의견의 차이에 대해서도, 항상 자신이 원하는 대로만 일

---

1 François Fenelon(1652-1715)은 로마 가톨릭 프랑스 대주교를 지냈으며, 신학자, 시인 그리고 작가이며 주요한 기독교 철학을 변증하는 변증학자로 활동하였다.*

이 이루어지기 때문에 그 곳을 떠나지 않고 머물러 있는 사람들은 오히려 없는 편이 사역에 더 도움이 될 수도 있습니다. 나는 나의 생각들을 반대하고, 내 생각이 틀렸다고 말하기를 두려워하지 않는 사람들에게 감사하는 법을 배워왔습니다. 물론, 의견의 차이가 교리나 윤리적인 문제와 결부된 것이라면, 우리는 우리의 고결함을 지켜내야 합니다. 하지만 우리의 이기적인 태도나 완고한 뜻을 감추기 위해 교리나 윤리적인 문제를 이용하지 않도록 주의해야 합니다. 다수의 반항적이고 편협한 열성주의자들이 자신을 종교적인 투사로 가장하고 있습니다.

주님의 사역 가운데에서, 우리는 서로에게 속해 있으며, 서로가 필요합니다. 그리고 적대감 없이 동의하지 않는 것도 있을 수 있는 일입니다. 어느 누구도 우리가 해야 하는 모든 결정 가운데에서 하나님의 뜻을 항상 안다고 주장할 수 없습니다. 위대한 사도 바울 조차도 "답답한 일을 당하여도, 낙심치 아니한"고후 4:8 때를 몇 차례 경험했음을 인정했습니다. 오직 하나님만이 전지하십니다.

내가 증명할 수는 없지만, 하나님의 뜻을 발견하는 것은 그림 퍼즐조각을 맞추는 것과 유사한 그 무엇이 아닌가 하는 느낌을 가지게 됩니다. 하나님은 그림을 그리신 분이기에 완성된 그림을 보고 계십니다. 어느 누구도 퍼즐 조각 모두를 가지고 있지 않습니다. 하지만 우리가 하나님의 말씀을 통해 대화하고, 기도하며, 묵상할 때 우리 각자는 하나의 조각을 퍼즐에 맞추어 넣는 것입니다. 점차적으로 우리는 완성된 그림을 보게 될 것입니다. 우리 자신의 방법만을 고집하는 것은 퍼즐 조각을 잘못된 자리에 억지로 끼워 넣으려는 것과 같습니다. 하나님이 이미 계획해 두신 그림을 바꾸려고 하는 것은 위험한 일입니다.

모든 그리스도인들은 의견의 차이를 수용하며, 은혜스럽게 승복하며, 다른 사람이 옳을 수 있다는 것을 인정하는 법을 배워야 합니다. 기독교 사역은 건강한 결혼생활과 유사합니다. 자신만의 의견을 항상 내세워서는 안 됩니다, 사랑스럽게 양보하는 방법을 배웁니다, 만일 배우자의 의견대로 일이 되지 않는다 하더라도 결코 "내가 그렇게 말했잖아"라고 말하지 않습니다. 사역의 진실함이 의문시 되지 않는 이상, 행복을 위한 조정의 여지는 있는 법입니다.

여러분의 가장 좋은 의견들이 거절당할 때, 이 두 가지를 기억하십시오. 첫 번째로, 주님이 여러분의 의견이 진척되길 원하시며 여러분이 기다리면서 기도한다면, 하나님은 사람들의 마음을 바꾸기 시작하실 것입니다. 바울이 빌립보의 성도들에게 썼듯이 "만일 어떤 일에 너희가 달리 생각하면 하나님이 이것도 너희에게 나타내시리라."^{빌 3:15}

두 번째로, 여러분의 의견들은 여러분이 다른 사역으로 이동한 이후에 실현 될 수도 있습니다. 나는 가차 없이 거절당한 나의 가장 좋은 의견들이, 내가 다른 곳으로 떠나간 이후 시간이 흘러 다시 거론되고 진척되는 경우도 봐왔습니다. 만일 하나님의 일꾼들이 공로를 인정받는 것에 전혀 개의치 않는다면 하나님이 참으로 많은 놀라운 일들을 이뤄내실 수 있을 것입니다.

사임하는 잘못된 동기 가운데 세 번째는 이것입니다. 그 동안 제대로 감사받지 못했다고 느끼며, 우리가 사임할 때에는 사람들로부터 엄청난 인사말을 전해들을 것이라 기대하는 것입니다.

우리는 모두 사람이기 때문에 애정의 손길을 필요로 합니다. 의사들은 아기들이 애정과 안정감을 느낄 수 있도록 보듬어줄 필요가 있다고 말합니다. 내가 짐작하건대 우리들 대부분은 이 필요에서 결코 벗어나지 못하였습니다. 우리가 성숙해지는 과정 가운데 사람들과 악수하고, 미소 지으며, 포옹하고, 진심에서 우러난 인사말들의 고마움을 알게 됩니다. 마크 트웨인은 한마디의 마음에 드는 칭찬으로 며칠을 살아갈 수 있다고 말했고, 바울은 교회의 성도들에게 지도자들의 선한 섬김의 사역에 대해 감사하는 마음을 드러낼 것을 권면했습니다.^{살전 5:12-13} 감사를 표하는 것은 합당하며, 성경적이며, 심리적으로도 좋은 것입니다.

그렇다면 만일 우리가 감사함을 표현 받지 못할 때에 우리는 어떻게 행동해야 하나요? 좀 더 나아가서, 만일 우리가 받아 마땅한 칭찬을 누군가가 대신 받는다면 우리는 어떻게 행동해야 할까요? 토마스 풀러^{Thomas Fuller} [2]는 "칭찬은 선

---

2 Thomas Fuller(1608-1661) 목사는 영국의 케임브리지 대학에서 교육받고, 설교로 큰 명성을 얻은 뒤, 1641년 왕립교회의 사역자로 임명되어 섬기다가 이후 영국의 내전 기간 중 옥스퍼드로 옮겨 크롬웰을 풍자한 『불행한 정치가 안드로니쿠스』(*Andronicus, or the Unfortunate Politician*, 1646)를 출간하며 작가로 살았다. 이후 1652년 다시 런던으로 돌아와 설교사역을 감당하면서 많은 전기 작품을 남겼다. 특별히 영국 문학사가에서 중요한

한 사람들을 더욱 더 선하게 만들며, 나쁜 사람들을 더욱 더 나쁘게 만든다"고 말했는데, 나는 이 말에 동의합니다. 하지만 만일 사람들이 주의하지 않는다면 칭찬을 아예 하지 않는 것은 좋은 사람들을 아주 나쁘게 만들 수 있다는 점을 나는 덧붙여 말하고 싶습니다.

그리스도의 일꾼들이 반드시 감수해야 하는 한 가지 예상되는 손해는 오해받거나 감사받지 못하는 상황에 처해질 가능성이 있다는 점입니다. 모세, 다윗, 예레미야, 바울 그리고 예수님께서도 이 일을 겪었습니다. 아울러 여러분도 아마 이런 일을 겪을 것입니다. 만일 섬김을 위한 여러분의 유일한 동기가 인정받고, 감사받는 것이라면, 여러분은 상당히 실망할 준비를 미리 하는 편이 나을 것입니다. 하지만 여러분의 동기가 하나님을 기쁘시게 하며 그분의 뜻을 이루는 것이라면, 사람들이 하는 말과 사람들의 행동-또는 어떤 말, 어떤 행동도 하지 않는다 할지라도-은 여러분에게 별로 큰 문제를 만들어 내지 못할 것입니다. 하나님의 칭찬은 영원토록 지속될 것

인물들의 특성을 요약한 『신성국가, 세속국가』(*The Holy State, the Profane State*)는 그의 대표적인 저작이다.*

입니다. 이에 비해 잠시 동안의 감사의 저녁 만찬은 곧 잊혀지게 마련입니다.

　이 대화는 충분히 한 듯합니다만 나는 할 말이 좀 더 있기에 다음 장에서 이 부분을 다룰 것입니다.

15. 이동기의 사역

우리가 사역을 언제 그만두며 누군가에게 그 사역을 인계해야 하는 적절한 시점인지를 어떻게 알 수 있겠습니까? 이 질문에 대한 대답은 솔직하게 짚고 넘어가야만 하는 몇 가지 사안들이 있습니다.

하나님의 관심은 하나님 나라의 사역뿐 아니라 그 일을 맡은 일꾼들도 염두에 두고 있다는 사실을 유념하면서, 스스로에게 다음과 같이 질문해 보는 것이 필요합니다.

'현재 나의 영적 성장은 어느 단계의 수준에 와 있는가?'

'내 삶 가운데 하나님이 여전히 하셔야 할 일이 남아 있지는 않은가?'

여러분의 사역이 가장 힘이 드는 순간에, 하나님은 여러분의 삶 속에서 가장 의미 있는 사역을 이루어 가실 수도 있습니다. 그러니 도망가지 마십시오. 하나님은 그분 자신의 사역을 세우시기 위해 여러분을 사용하기도 하시지만 여러분을 세우시기 위해 사역을 사용하기도 하십니다. 하나님은 영광 가운데 영원한 예배를 받으시기 위함뿐 아니라 바로 다음에 맡기실 과업들을 위해 여러분을 준비시키는 그 때에도 사역을 사용하십니다.

제 말씀에 오해가 없기를 바랍니다. 나는 '본인에게 득이 될 그 어떤 것이' 이제 더 이상 없기 때문에 여러분이 사역을 그만 두어도 된다고 말하는 것이 아닙니다. 그러한 태도는 전적으로 이기심에 근거한 것이며, 이 세상의 출세를 위해 야심을 품은 사람들이 딛고 올라가는 디딤돌로 삼는 것과 별반 다름없는 태도입니다. 제가 드리는 말씀의 요지는 여러분은 여러분 자신에게 솔직해질 필요가 있고, 여러분이 중단 없이 성장해 가고 있는 것을 확인하라는 것입니다. 만일 여러분이 성장해 가고 있지 않다면, 여러분의 사역이 어려움을 겪을 것입니다. 하나님은 요셉을 감옥 속에서 그가 예상했던 것보다 2년이나 더 오랫동안 붙잡아 두셨는데, 그 이유는 미숙한 젊은 인생이 더욱 갖추어야 할 그 무엇인가가 그에게 여전히 남아있었음을 아셨기 때문입니다.

내 친구 목사 한 명은 자신의 교회에서 사역한지 십 년이 지날 무렵, 교회 사역에 편치 않은 마음을 가지고 있음으로 인해 이동해야 할 시점이 왔다고 확신하고 있었습니다. 하지만 그 어떤 사역의 문도 열리지 않아 그는 그곳에 머물렀습니다. 그 다음 해, 십일 년째는 그와 그의 아내가 인생 가운데 정말 한 번도 경험해 본 적 없는 엄청난 고통의 시간을 겪어야 했습니다. 하지만 그 이후, 모든 것이 뒤바뀌었고, 친구와 그 교회의 회중들은 이제까지 교회가 전혀 알지 못했던 가장 열매가 풍성한 해를 경험하게 되었습니다. 목회자와 성도들 모두 새로운 성숙의 단계로 이동했는데, 그것은 서로가 서로에게 인내하며 하나님이 일하시도록 기다렸기 때문입니다. 내 친구와 같이 하나님 역시 그가 이동하기를 원하셨는데, 그것은 다른 사역지로 퇴장하는 이동이 아니라 성숙을 향한 상승의 이동이었습니다.

이동기에 여러분이 숙고해야 할 두 번째 요소는 여러분이 맡은 사역 자체의 상태입니다. 여러분이 섬기는 사람들이 그 어떠한 변화에도 잘 대처해 나갈 수 있는지요? 여러분이 그들을 뒷받침해 주지 못하더라도 그 전환의 시기에 성도들이 그 상황을 잘 대처해 나갈 수 있겠습니까? 결정해야 할 중대한 사안들과 붙잡아야 할 사역의 기회들이 여전히 그곳에 남아있지는 않습니까? 여전히 해결되지 않은 문제를 지닌 성도들과 계속 상담하고 계십니까? 양육을 필요로 하는 믿음의 씨앗들을 심어놓으셨습니까? 이 몇 가지 목록들은 긍휼함을 지닌 사역자가 사임서를 제출하기 이전에 반드시 질문해 보아야 하는 것들 중 단지 일부분에 지나지 않을 것입니다.

여러분은 이 질문들에 아마 이렇게 답할 수 있겠지요. "새로운 사람이 그 일을 더 잘 할 겁니다." 여러분의 말이 맞을 수도 있습니다. 하나님이 당신 자신의 일꾼들을 바꾸시는 것이 특별한 상황은 아니지요. 어떤 이는 밭을 일구고, 누군가는 씨를 뿌리고, 또 누군가는 물을 주지만 이 모든 이들이 하나님의 사역을 하는 것입니다. 하지만 "누군가가 그 일을 더 잘 할 겁니다"라고 말하는 것은 사임하기 위한 변명이나 또는 칭찬을 받기 위해 암시된 요청거리가 되지 않도록 조심해야 합니다.

가까운 사람들과 협의하고, 주어진 상황에 대해 전혀 다른 관점의 의견을 들어보는 것도 때론 현명한 일입니다. 두 사람이 동일한 장면을 목격한다 하더라도 동일한 생각을 가질 수 없을뿐더러, 우리 자신조차도 항상 균형 잡힌 관점에서 우리 자신을 살펴보는 것이 아닙니다.

하지만 그렇다고 해서 너무 많은 사람들에게 말하지는 마십시오. 그것은 단지 혼란을 단지 가중시킬 뿐입니다. 그들 중의 누군가는 그 말을 다른 사람들에게 옮길 것이고, 그것은 여러분이 제일 바라지 않는 일이 되겠지요. 하나님의 뜻 안에서 여러분이 결심하기 전까지, 소수의 신뢰할 만한 핵심적인 사람들과 나누며, 그 사람들이 여러분에게 가장 의미 있는 존재가 되도록 만드십시오. 그리고 꼭 여러분의 지도자들을 여러분의 비밀을 말할 수 있는 사람들 안에 포함시키십시오. 그 이유는 여러분이 그분들의 권위 아래에서 현재 활동하고 있기 때문입니다. 하지만 여러분의 계획에 대해 너무 시시콜콜히 말하는 것은 여러분이 아직 본인의 계획에 온전히 확신하지 못하고 있으며, 여러분이 원하는 바를 듣고, 말해 줄 그 누군가를 찾고 있다는 반증이 되는 것입니다.

좋습니다. 자! 이제 여러분은 주님을 향해 기다렸고, 기도했으며, 여러분이 신뢰하고 여러분에게 책임을 묻는 사람들과 협의 한 후, 이제 변화를 모색하는 것이 하나님이 원하시는 것이라고 판단하였습니다.

하지만 사임서를 작성하기 전에, 하나님의 말씀이 무슨 말씀을 하시는지 여러분은 주님을 향해 기다리십시오. 성경을 아무데나 펴서, 어느 한 구절을 손가락으로 집어내라는 뜻이 결코 아닙니다. 나는 우리가 하는 매일 매일의 정기적인 말씀 읽기의 과정 가운데 하나님이 주시는 특별한 말씀에 대해 말하고 있는 것입니다. 만일 정기적인 말씀 읽기가 아니라면 정기적인 예배 가운데에서 만날 수 있겠지요. 여러분은 하나님이 여러분에게 말씀하시는 바를 알 수 있습니다. 왜냐하면 성령님은 여러분에게 쉽게 간과할 수 없는 그런 방법 가운데에서 특정한 성경말씀을 뚜렷하게 그리고 현실적으로 일러주시기 때문입니다.

나는 이미 내 첫 번째 교회건축 프로그램 가운데 함께하신 하나님의 약속에 대한 경험을 말씀 드렸습니다. 그로부터 몇 년 후에 나의 두 번째 목회지에서 내가 교회건축을 막 시작하려 할 때 하나님이 나에게 말씀해 주신 사건에 대해 잠시 말씀 드리고자 합니다. 그 계획은 백만 달러가 소요되는 건축계획이었고, 그 백만 달러는 당시에는 정말 상당히 큰 금액이었습니다. (그것은 오늘날에도 여전히 상당한 액수의 큰 금액이기는 하지만 다수의 교회에서 교회건축을 위해 이 정도의 금액 이상을 쓰니까 그다지 큰 금액은 또 아니지요).

가족들과 나는 휴가를 위해 위스콘신으로 가는 도중에 친구가 목회하고 있는 교회에서 설교를 하기 위해 시카고에 들렀습니다. 주일학교 시간 도중에, 기독교 학교에서 온 복음사역팀이 그날 성인 부서를 섬기고 있었습니다. 나는 성경말씀으로부터 주일학교의 가르침을 듣길 원했기에 솔직히 적지 않게 실망했습니다. 말씀을 나눴던 젊은 남학생은 평균 이상의 열정을 지녔지만 지식이 부족해 보였습니다. 하지만 그가 사용했던 본문 말씀은, 나를 강하게 사로잡아 내가 잠시도 벗어날 수조차 없었습니다. 그 어린 학생 설교자가 무엇을 말했는지 묻지는 말아 주십시오, 왜냐하면 정확히 기억이 나지 않습니다. 하지만 나는 그가 읽었던 본문은 기억합니다.

> 내가 달려갈 길과 주 예수께 받은 사명 곧 하나님의 은혜의 복음을 증언하는 일을 마치려 함에는 나의 생명조차 조금도 귀한 것으로 여기지 아니하노라(행 20:24).

나는 주일학교 시간뿐 아니라 그 다음 2주의 휴가 동안에 그 본문 말씀을 통해 하나님이 나에게 어떻게 말씀하셨는지를 다 말씀드릴 수는 없습니다. 그렇지만 하나님은 그 말씀을 통하여 내가 있던 그곳에 머물러 있을 것과 하나님이 우리 교회에 목적한 바를 이루기 위해 나를 보내신 그 임무를 마치기를 말씀하셨습니다. 나는 그 교회에 머물렀고, 하나님은 그런 대접을 받을 자격이 없는 사람임에도 불구하고, 우리를 위해 아주 위대한 일들을 행하셨습니다.

그러므로 여러분이 최종 결심을 하기 전에, 주님이 여러분에게 성경 말씀을 통하여서 말씀하실 수 있도록 시간을 내어 드리십시오. 하나님은 여러분이 그분의 뜻이 무엇인지 분별하기 위해 분투하기 시작할 때 말씀하실 수도 있고, 그렇지 않다면 좀 더 이후까지 말씀을 유보하며 기다리실 수도 있습니다. 하지만 여러분이 진정 하나님의 뜻을 알기 원하면 하나님은 당신의 뜻을 여러분에게 말씀하실 것입니다. 요 7:17

여러분의 경험은 야곱이 라반 곁을 떠나 벧엘로 돌아가기를 고민하던 때와 유사할 수 있습니다. 모든 것들이 야곱이 떠나야 함을 시사해주었습니다. 그를 둘러싼 상황, 사람들의 태도 그리고 야곱 자신의 깊은 내면의 갈망까지도 말입니다. 하지만 야곱은 하나님의 목소리를 고대했습니다.

> 야곱이 라반의 아들들이 하는 말을 들은즉 야곱이 우리 아버지의 소유를 다 빼앗고 우리 아버지의 소유로 말미암아 이 모든 재물을 모았다 하는지라 야곱이 라반의 안색을 본즉 자기에게 대하여 전과 같지 아니하더라 여호와께서 야곱에게 이르시되 네 조상의 땅 네 족속에게로 돌아가라 내가 너와 함께 있으리라 하신지라(창 31:1-3).

바로 그 완벽한 시간에, 하나님의 말씀은 야곱에게 임했고, 그가 무엇을 해야 할지 말씀하셨습니다. 하지만 야곱은 큰 실수를 저질렀습니다. 그는 하나님의 말씀에 순종하긴 했지만, 즉각적으로 옳은 방법으로 따르지는 않았습니다. 하나님이 원하셨던 바를 신뢰하며, 자신의 장인에게 정직하게 고하는 대신에, 야곱은 그의 가족들과 공모해 조용히 도망가 버렸습니다. 하나님은 야곱에게 하나님의 말씀을 입증할 적절한 기회를 주었음에도 불구하고, 그는 도망칠 수 있을 때 도망치기를 더욱 바랬습니다. 하지만 그의 행동은 하나님을 경외하는 사람이 작별할 때 보여야 하는 모습은 아니었습니다.

여러분이 섬기던 현장에서 떠나기를 하나님이 원하신다고 인식하는 것만큼이나 동일하게 그 곳을 떠나는 방식도 매우 중요합니다. 비록 전환의 시기는 고통스럽긴 하지만, 하나님이 참으로 여러분의 결심 위에 함께하시고, 여러분이 그 문제를 두고 기도 가운데 끊임없이 나아갔다면, 이 일로도 하나님께 영광이 돌아갈 것 입니다. 성령님은 그 복잡한 절차를 부드럽게 만들어 주실 것이고, 모든 일은 잘 진척될 것입니다.

그러기 위해서는 우선적으로 여러분의 태도가 부정적이 아니라 긍정적이어야 합니다. 하나님은 무엇인가를 거두어 가시는 분이 아닙니다. 하나님은 새로운 무엇인가를 하도록 기회를 만드시는 분입니다. 그렇다고 해서 여러분이 과거를 뒤돌아봐서는 안 된다고 말하는 뜻은 아닙니다. 왜냐하면 하나님이 여러분 자신에게 행하신 일들에 대해 사람들에게 이야기 할 때 전환의 시기가 좋은 간증 시간이 될 수 있기 때문입니다. 하지만 여러분은 '지난 과거에 대해 감사를 표하며, 다가올 미래에 대해 기대하는' 자세를 지녀야만 합니다.

무엇보다 그 시간은 여러분을 도와준 모든 이들에게 감사함을 표할 뿐 아니라 아울러 새로운 지도자가 한결같이 따뜻한 사랑의 지원을 받을 수 있도록 말할 수 있는 유용한 시간입니다. 비록 여러분이 당신의 후임자에게 전폭적으로 동의하지 않는다 하더라도, 후임자가 와서 지도자의 자리에 앉기 쉽게 만들어 주십시오. 후임자를 향해 드러나지 않는 어떠한 반감의 흐름에도 동조하지 마시길 바랍니다. 여러분이 일단 그곳을 떠나게 되면, 서성거리거나, 간섭하지 마십시오. 여러분이 새로운 사역지로 이동하게 될 때 당신의 전임자가 여러분 자신을 대해주길 원하는 것 같이 당신의 후임자를 대하십시오. 그 이유는 여러분도 결국은 여러분이 뿌린 대로 거두게 될 것이기 때문입니다.

16. 실패와 함께하는 사역

존 러터^{John Rutter}[1]는 내가 가장 좋아하는 음악가 중의 한 명입니다. 러터의 레퀴엠을 듣고 있는 것은 나에게 예배를 경험하는 것과 같으며, 그의 시편의 곡조를 듣고 있노라면 찬양 가운데 나의 심령은 고양되었습니다.

---

1 John Rutter(1945-현)는 런던 출생의 지휘자로 런던의 하이게이트스쿨 소년성가대에서 첫 음악교육을 받았으며 이후 케임브리지 클레어 칼리지에 입학하여 학생 신분으로서 공식적인 첫 작품을 쓰고 첫 레코딩도 지휘했다. 현대 영국의 교회음악 작곡가요, 지휘자로 활동하고 있는 그는 매우 다양한 작품세계를 선보이며 대, 소규모를 망라하는 합창음악, 관현악곡과 기악소품, 피아노 협주곡, 두 개의 어린이를 위한 오페라, TV 음악과 필립 존스 브라스 앙상블과 킹스 싱어즈를 위한 작품을 썼다. 그의 합창곡 "Requiem"(1985), "Magnificat"(1990), "Psalmfest"(1993) 등은 영국과 북미 등 여러 나라의 음악가들과 교회 성가대에 의해 자주 연주되고 있다.*

아내와 나는 "러터의 곡을 러터가 지휘하다"라는 제목의 콘서트에 갔던 적이 있었는데, 거기서 그 저명한 작곡가이자 지휘자가 좀처럼 보기 드문 장면을 연출했습니다. 합창곡의 연주 이후에 박수갈채가 그친 뒤, 러터는 청중들에게 고개를 돌리며 말했습니다. "괜찮으시다면 이 곡을 한 번 더 연주해도 될까요? 그러면 더 잘 할 수 있을 것 같습니다." 나는 잠시동안 어안이 벙벙해졌습니다. 내가 보기엔 처음 연주도 정말 탁월했습니다. 하지만 훌륭한 지휘자의 청감은 우리들 다수의 청중이 눈치 채지 못한 무엇인가를 들을 수 있었습니다. 합창곡은 다시 불려졌고, 지휘자 러터도 기뻐 보였습니다.

몇 번이고, 나는 축도를 마친 이후에 가능하다면 회중들을 돌아보며 이렇게 말하고 싶었습니다. "괜찮으시다면, 이 설교를 다시 한 번 더 해도 되겠습니까? 그러면 더 잘 할 수 있을 것 같습니다." 우리의 회중들이 설교의 즉각적인 재생을 찬성할는지는 의문스럽지만, 만일 우리가 그렇게 했다면, 설교자의 양심도 완화시켜줄 뿐 아니라 우리가 최선을 다하지 못했다고 느끼며 우리가 감당했던 모든 실망감에 사로잡힌 감정에서도 벗어나게 될 것입니다.

여러분이 사역하는 특별한 현장 가운데, 문제가 되는 것은 좋지 않은 설교의 기억 때문만은 아닐 것입니다. 어쩌면 그것은 수 시간 동안의 공들인 준비에도 불구하고, 여러분이 가르쳤던 주일학교 시간이 지루하게 마쳤던 기억일 수도 있습니다. 그렇지 않으면, 그것은 헌신된 임원들에게 더 이상 임원을 하지 않겠다고 다짐하게 만드는 것 이외에 아무 것도 결의하지 못했던 여러분이 주도했던 답답한 위원회 사업 회의가 될 수도 있겠지요. 또한 교회의 성가대 인도자들에게는 자신들이 행한 어떤 연주들을 회상할 때 움츠리게 되는 연주가 있을 것이며, 헌신된 선교사들은 자신들의 일기장에 눈물로 얼룩진 기록들이 있을 것이라 나는 확신합니다.

이 모든 실패의 순간들은 다음과 같은 감당하기 힘든 질문 속으로 우리를 데려가곤 하지요. 주님의 일꾼들이 주님을 섬기는 동안 형편없이 일했다고 느낄 때 그들은 어떻게 해야 합니까?

여러분과 내가 이 문제에 대해 누군가에게 상담해 준다면, 우리는 아마도 철학적인 논조로 이렇게 말을 할 것 같습니다. "여러분은 여러분의 성공으로부터 배우는 것보다 여러분의 실패로부터 더 많은 것을 배운다는 사실을 명심해야 합니다." 나는 이런 진부한 이야기에 대한 찰리 브라운^{Charlie Brown} 2의 대답을 좋아합니다.

> 만일 실패로부터 더 많이 배운다면 제가 세상에서 가장 똑똑한 사람이겠네요!

솔직히 말해서, 나는 다른 사람들의 실패로부터 배우기를 원합니다. 왜냐하면 내가 그만큼의 많은 대가를 지불하지 않아도 되기 때문이겠지요.

우리는 우리 자신의 실패로부터 과연 어떻게 배우고 있습니까? 한 구석에 앉아서 그 실패를 마음속에 담아두기만 해서는 안 되겠지요. 그런 접근은 단지 또 다른 추락으로 떨어지는 길로 준비시켜 줄 뿐입니다. 가장 현명한 접근은 우리

---

2 Charlie Brown은 Charles M. Schulz가 그린 코믹 연재 만화 『피너츠』 (*Peanuts*)의 애견, 스누피와 함께 등장하여 하는 일마다 거의 실패를 경험하는 그리 성공적이지 못한 만화의 주인공이지만 미국인의 한 예로 그려지고 있다.*

가 했던 일을 평가하는 것이며, 우리가 어디서 잘못했는지를 찾아내려고 하는 것입니다. 우리를 다른 길로 빙 돌아서게 만든 것은 준비의 부족이었나요? 체력적으로 최선을 다하지 못했습니까? 우리를 망치게 하는 잘못된 태도를 지니고 있었나요? 영적인 준비에 소홀했습니까? 너무 자만하지는 않았나요?

여러분이 피해야 할 위험이 여기에 있습니다. 여러분을 감정적으로나 또는 영적으로 피를 철철 흘리게 만들어 죽음에 다다르게 만드는 이 '사후 분석'에 너무 많은 시간을 낭비하지는 마십시오. 평가가 너무 지나치게 흘러가지 않도록 해야 합니다. 솔직한 자가 진단이면 족하지, 무자비한 자기비판은 사탄으로 하여금 여러분을 참소할 기회를 열어주는 구실이 될 뿐입니다. 여러분이 무엇을 잘못했던지, 주님께 고백하시고 그분의 용서를 구하십시오. 회복하는 데 가만히 머뭇거리고 앉아 있지 마십시오. 바삐 움직이십시오! 누군가는 실패를 "가장 최소한으로만 버틴 사람이 걸어가는 길"이라고 정의 내렸습니다. 그러므로 가능하면 빨리 일자리로 다시 돌아와야 합니다. 그것이 바로 회복으로 가는 과정의

16. 실패와 함께하는 사역

한 부분입니다.

실패로부터 우리가 배우기에 가장 힘든 교훈은 우리가 생각하는 만큼 우리는 그렇게 대단하지 않다는 사실입니다. 우리는 사람이고, 진흙으로 창조된 우리는 저마다 감춰진 약점이 있기에 이따금씩 나락으로 떨어집니다. 심지어 베이브 루스Babe Ruth [3]도 그가 방망이를 쥐고 있던 타석에서는 매 번 마다 홈런을 쳐내지는 못했습니다. 실패는 우리를 겸손하게 만들어주는 한 방편이 되기도 합니다. 하지만 우리는 구멍 난 타이어처럼 상처받은 교만이 아니라 진정한 겸손함을 경험한 자가 되어야 합니다.

상처받은 교만한 사람은 이렇게 말합니다.

"어떻게 이런 일이 나에게 일어날 수 있습니까?"

그 반면에 겸손한 사람은 이렇게 말하지요.

"나에게 이런 일이 너무 자주 일어나지 않는 것이 놀라울

---

[3] George Herman Ruth, Jr.(1895-1948)는 베이브 루스(Babe Ruth)라는 별명으로 더 널리 알려진 메이저 리그 야구의 전설적인 홈런왕으로, 1918-1934년 17리그 동안 12번의 홈런왕에 등극했고 1935년 은퇴할 때까지 통산 714개의 홈런과 2217개의 타점, 342의 평균타율을 기록했다. 그의 홈런 기록은 그의 사후 26년이나 지난 1974년이 되어서야 행크 아론에 의해 갱신되었다.

따름입니다."

아울러 다음의 생각도 결부되어 있습니다. 여러분의 사역은 여러분에게는 실패한 것 같이 보일 수 있겠지만, 그래도 누군가를 도우시기 위해 하나님이 그 사역을 쓰실 수 있습니다. 내가 기억하기로는 스펄전 목사님은 자신이 했던 설교가 형편없다고 여기며 한때 비통에 빠졌었는데 그 설교를 통해 두 명의 영혼이 구원받은 것을 이후에 알게 되었다고 합니다. 구원받은 사람들이 결코 그에게 말하지 않았더라면, 그는 자신의 노력을 하마터면 실패라 여겼을 수도 있었겠지요. 내가 저술한 모든 책들 중 대부분은, 내가 생각 하건대 가장 조악하고, 빈약한 설명이 담긴 책이 지금도 가장 많은 부수로 팔리고 있습니다! 내가 누구이길래 다수의 독자 대중들과 논쟁하겠습니까?

믿음으로 여러분의 사역에 임하십시오. 그리고 결과는 하나님께 맡겨 두십시오. 항상 최선을 다하도록 애쓰십시오. 하지만 여러분이 이따금씩 스트라이크 아웃을 당한다면, 스스로를 측은히 여기며 벤치에 그냥 앉아 있지 마십시오. 방망이를 쥘 다음 타석을 위해 준비하고 계십시오!

하나님의
일꾼과 사역
On Being a Servant
of God

17. 나이든 세대와 사역

 이번 대화는 젊은 회중들에 의해 노인으로 분류되는 그리스도인 사역자들을 위해 준비되었습니다.

 내가 한 때 94세의 나이에 돌아가신 한 남성도의 목사가 되었던 것은 저에게는 특권이라 할 수 있습니다. 그분은 한 세기의 정점까지 이루고자 희망했었고, 우리 모두는 그렇게 되기를 응원했습니다. 하지만 주님은 다른 계획을 가지고 있었습니다. 아내와 나는 자주 그의 아파트로 심방 갔었고, 그러면 그분은 우리를 위해 저녁을 준비했으며(그분은 훌륭한 요리사였습니다), 우리는 함께 앉아 그분의 장래 계획들에 대해 대화하곤 했습니다. 그분과 함께 있을 때 우리는 지나간 과거에 좋았던 시절의 이야기를 거의 들어본 적이 없습니다. 그분은 항상 미래를 바라보고 있었습니다.

그는 어느 날 나에게 "사람은 자신이 마음먹은 만큼 젊어지는 법이지요, 저도 아직은 젊은이라 생각합니다"라고 말했습니다. 그분의 친구들 또한 그분과 비슷했습니다. 그분은 몇몇의 담당 주치의와 회계사보다 훨씬 오래 살았습니다. 그분은 자신보다 젊은 친구들과 계속 교제해야 하며, 그렇지 않으면 자기 자신을 측은히 여길 것 같다고 나에게 말해주었습니다. 우리는 그의 젊은 친구들 가운데 하나로 인정받는 영광을 누렸습니다. 제가 생각하기로는 90대의 노인에게 있어 대부분의 친구들은 당연히 그보다는 젊을 것입니다.

나는 어느 날 그분에게 은퇴한 노인들을 위한 주택단지로 옮기지 않는 이유에 대해 물어보았습니다. 그는 버럭 화를 냈습니다.

"뭐라고요?" 그는 거의 소리를 질렀지요. "아무것도 하지 않고 앉아서 장난감 기차나 만지고 놀면서 자기들의 아픈 데만 말하는 그 노인네들한테로 옮기라는 말인가요? 저한테는 해당되지 않는 말씀 같군요!" 나는 비록 그의 설명이 편견과 상당한 과장이 섞여있다고 생각하긴 했지만, 그 말을 두 번 다시 꺼내지는 않았습니다.

그분은 결코 유머 감각을 잃지 않은 사람이었습니다. 그분이 수술 받기 전날 밤, 그의 외과 의사는 "이 수술이 심각하다는 것을 나는 당신께 알려드립니다"라고 그에게 말했습니다. 내 친구는 이렇게 답했습니다. "의사 양반, 이 나이에는 이발도 위험하다네!" 그는 수술을 잘 이겨냈고, 몇 년 동안 나이를 좀 더 먹긴 했지만 젊게 자신의 삶을 즐겼습니다. 나는 가끔 그분을 떠올립니다. 그럴 때마다 그에 대한 기억은 나에게 격려가 되곤 합니다.

우리가 나이를 먹어가며 주님을 오랫동안 섬기면 섬길수록, 우리는 더욱 더 현 시대에 발맞추면서, 먼지를 뒤집어 쓴 채 종교 박물관에 있는 유적이 되지 않도록 사역하는 것이 필요합니다. 우리는 직업으로부터는 은퇴할 수 있을지 몰라도, 삶으로부터의 은퇴는 결코 해서는 안 됩니다. 비록 우리가 나이가 들어 더 이상 일류 선수가 될 수는 없다 할지라도, 하나님은 우리들이 관중이 아닌 경기자가 되길 원하십니다. 심지어 다윗 왕에게도 그의 인생에서 그의 검을 젊은 장수들에게 물려주며, 전쟁터에서 한 발짝 물러나야 할 시간이 찾아왔습니다.^{삼하 21:15-17}

우리는 동시대에 보조를 맞추고 사역해야만 합니다. 왜냐하면 어느 누구도 저절로 마음과 정신이 젊게 유지되는 사람은 아무도 없기 때문입니다. 내 자신 안에 있는 많은 것들과 내 주변에 있는 더 많은 것들이 나를 더 나이 들었다고 느끼게 하고, 나이 들었다고 생각하게 하며, 나이 들게 행동하도록 만듭니다. 하지만 늙게 사는 것도 우리가 하는 선택중의 하나입니다. 그것은 자연 어머니와 시간 아버지로부터 결정 내려진 피할 수 없는 정해진 판결이 아닙니다. 버나드 바룩 Bernard Baruch 1은 "나에게 있어서, 늙었다는 것은 항상 나보다 열다섯 살이 많은 사람을 가리킵니다"라고 말했습니다. 나는 그의 태도가 마음에 듭니다.

만일 여러분이 과거 속에 살며, 현재를 비평하기를 원한다면, 특별히 젊은 세대들에게 그렇게 하길 원한다면, 그렇

---

1 Bernard Mannes Baruch(1870-1965)은 미국의 금융가, 주식분석가, 정치가로 사업의 성공 이후에 윌슨(Woodrow Wilson) 대통령과 루즈벨트(Franklin D. Roosevelt) 대통령의 경제 자문으로 활동하였다.*

게 하는 것은 여러분의 자유입니다. 하지만 여러분은 결과를 따져보는 편이 나을 것입니다. 내가 4장에서 소개했던 에리나세우스^{Erinaceus}라는 단어를 기억하십니까? 만일 여러분이 자신을 늙어가도록 가만히 놔둔다면, 그것은 여러분에게 어떤 일이 일어날 것인가를 설명하는 것입니다. 여러분은 고슴도치와 같아질 것이고, 어느 누구도 위험을 감수하고 고슴도치와 같은 여러분 주위로 다가오려 하지 않을 것입니다. 과거 속으로 복귀하며, 현재를 부정하려는 여러분의 유약함 가운데서 점차적으로 여러분은 고립되고, 회의적이며, 냉소적이며, 회복불능의 사람이 될 것입니다. 물론, 미래를 파괴하기엔 이것이 더없이 좋은 방법이 되긴 하겠지요.

내가 틀릴 수도 있지만, 나는 우리들이 나이가 들었다고 해서 또는 젊은이들과 같이 모든 것에 동의하지 않는다고 해서 젊은 세대들이 나이든 사람들을 무시하거나 반대한다고 느끼지는 않습니다. 하나님이 교회 안에서 세우시는 젊은 지도자들과 그분이 행하시는 새로운 일에 관해 말하자면, 우리 나이든 성도들은 대체로 반응하기보다는 반발하려 하고, 듣기보다는 말하려 하고, 다리를 놓기보다는 담을 쌓으려는 경향이 있습니다. 그리고 이러한 반작용 뒤에 가려진 동기는 다름 아닌 두려움입니다. 특별히 우리 나이든 세대들이 더 이상 필요치 않을 수 있다는 바로 그 두려움이지요.

"우리는 한 사람의 나이를 더 이상 계산할 수 없을 때가 되기 전까지는 그 사람의 나이를 계산하지 않습니다"라고 에머슨Emerson 2은 말했습니다.

그것은 우울한 문구가 되긴 하겠지만, 나는 그것이 진실이라는 사실이 더욱 두렵습니다. 여러분의 나이가 얼마나 많은지 상관없이, 그것이 비록 젊은이들의 말을 단지 들어주는 것이든, 그들을 위해 기도해 주는 것이든, 그들이 하나님을 위해 살아가도록 격려해 주는 일이 전부라 할지라도 여러분은 가치 있는 일을 해야 합니다. 여러분은 아마도 위원회로부터 또는 교회의 어떤 활동으

---

2 Ralph Waldo Emerson(1803-1882)은 보스턴 출생의 미국 시인이자 사상가이다. 7대에 걸쳐서 성직(聖職)을 이어온 개신교 목사의 집안에서 태어나 8살 때 아버지를 여의고, 고학으로 하버드대학 신학부 졸업 후 1829년 보스턴 제2교회의 목사가 되었으나, 에머슨의 자유스런 입장에 대한 교회의 반발로 1832년 사임하고, 편협한 종교적 독단과 형식주의를 배척하며, 인간성 존중과 초월주의적 신론 주장. 문학적 재능으로 많은 명언을 남기며 미국의 사상계에 큰 영향을 끼친 인물이다. 위에서 그가 한 말은 "한 사람의 삶은 그가 살았던 날수가 아니라 그가 얼마나 가치 있는 삶을 살았는지에 따라 평가받는다"라는 의미심장한 문구이다.*

로부터 내키지는 않지만 어쩔 수 없이 그만두어야 할 수도 있겠지요. 하지만 주님을 섬기는 일에서는 그만두지 마십시오. 아울러 보이지 않는 곳에서 불평하거나, 나이든 세대를 동원해서 교회 프로그램 중에서 새로운 무엇인가를 반대함으로 여러분의 목사님에게 문젯거리를 만들어내는 일을 하지 않기를 제발 부탁드립니다. 내가 11장에서 인용했던, 토마스 머튼Thomas Merton의 문구를 기억하시나요?

> 모든 사람들, 사건들 그리고 상황들을 오직 자신에게 끼칠 결과만으로 판단하는 것은 지옥의 문턱에서 사는 것과 같다.

지옥 문 앞의 계단은 가장 고통스런 은퇴의 장소가 되겠지요!

내가 지금까지 말해왔던 것이 나이든 성도들에게 다음 세대를 향해서 간섭하지도 말고 그냥 가만히 지켜보기만 하는 태도를 더욱 향상시키라고 권고하는 것으로 이해해서는 곤란합니다. 우리는 다음세대를 향해 이루어야 할 책임을 가지고 있으며, 주님은 그 일을 위해 우리를 붙잡아 두실 것입니다. 여러분이 잊어버릴 경우를 대비해서, 주님이 나이든 세대들에게 기대하시는 몇 가지 바램들이 여기 있습니다.

> 백발은 영화의 면류관이라
> 공의로운 길에서 얻으리라(잠 16:31).

> 늙은 남자로는 절제하며 경건하며
> 신중하며 믿음과 사랑과 인내함에 온전하게 하고
> 늙은 여자로는 이와 같이 행실이 거룩하며
> 모함하지 말며 많은 술의 종이 되지 아니하며
> 선한 것을 가르치는 자들이 되고(딛 2:2-3).

> 너희 자녀들아 와서 내 말을 들으라
> 내가 여호와를 경외하는 법을 너희에게 가르치리로다(시 34:11).

> 하나님이여 내가 늙어 백발이 될 때에도
> 나를 버리지 마시며

내가 주의 힘을 후대에 전하고

주의 능력을 장래의 모든 사람에게 전하기까지

나를 버리지 마소서(시 71:18).

내가 입을 열어 비유로 말하며

예로부터 감추어졌던 것을 드러내려 하니

이는 우리가 들어서 아는 바요

우리의 조상들이 우리에게 전한 바라

우리가 이를 그들의 자손에게 숨기지 아니하고

여호와의 영예와 그의 능력과 그가 행하신 기이한 사적을

후대에 전하리로다…

이는 그들로 후대 곧 태어날 자손에게 이를 알게 하고

그들은 일어나 그들의 자손에게 일러서

그들로 그들의 소망을 하나님께 두며

하나님께서 행하신 일을 잊지 아니하고

오직 그의 계명을 지켜서

그들의 조상들

곧 완고하고 패역하여

그들의 마음이 정직하지 못하며

그 심령이 하나님께 충성하지 아니하는 세대와 같이 되지

아니하게 하려 하심이로다(시 78:2-4, 6-8).

이 성경말씀에서, 하나님은 우리에게 젊은이들을 위한 격려자가 되라고 말씀하십니다. 그래서 젊은이들이 우리가 범했던 실수를 되풀이 하지 않도록 말입니다. 우리는 젊은이들에게 우리의 본보기와 격려를 통해 옳은 것을 가르쳐야 합니다. 어떤 교회이든지 단지 한 세대만 모이는 교회는 곧 문을 닫을 위기에 놓여 있습니다. 나이든 사람들로만 구성된 교회는 이내 공동묘지가 될 것이고, 반대로 젊은이들로만 구성된 교회는 성숙한 조언자들로부터 얻게 될 균형 감각이 부족할 수 있습니다. 시간을 두고 지켜보시면, 그런 교회들은 그 자체로 무너질지도 모릅니다.

성경의 저자들이 앞서 내가 인용했던 성경본문을 기록했을 때, 나는 다윗, 솔로몬, 아삽 그리고 바울이 강의실 안에서 이루어지는 공식적인 교육만을 염두에 두고 본문을 기록했다고 생각하지는 않습니다. 유대인들은 일상 가운데 벌어

지는, 삶의 상황들 속에서 $^{신\ 6:6-9}$ 하나님의 진리를 논하는 것에 익숙했으며, 그것은 우리가 따라야 할 좋은 모범이 됩니다. 중요한 것은 우리 나이 든 성도들이 젊은 세대를 향해 공감하는 마음으로 들어주는 것입니다. 그로 인해 젊은이들이 기꺼이 우리의 말을 듣고 싶도록 말입니다. 만일 훈계가 필요하다면, 훈계해야 하겠지요. 하지만(스펄전의 표현을 빌자면) 우리의 주머니 안에 회전식 연발 권총을 넣어 둔 채로 표적만을 찾아다니며, 아무런 행동도 취하지 않는 사람이 되어서는 곤란하겠지요.

우리의 임무는 우리와 젊은 세대들이 사역에 발을 들이고 인계받을 수 있도록 준비시키는 것입니다. 만일 그들이 실패하면, 우리는 그들을 비난할 수도 있습니다. 하지만 그것은 우리의 잘못일 수도 있습니다. 그 이유는 우리가 그들을 더 잘하도록 훈련시키지 못했기 때문이지요.

> 또 네가 많은 증인 앞에서 내게 들은 바를 충성된 사람들에게 부탁하라 그들이 또 다른 사람들을 가르칠 수 있으리라(딤후 2:2).

바울이 이 말씀을 기록할 때 그는 속으로 그리스도인들의 다음 네 세대를 염두에 두고 있었는데, 이것은 나이든 성도들을 향해 더없이 좋은 비전입니다!

일단 우리가 다음 세대에게 희망의 횃불을 건네줬다면, 우리는 터무니없이 범하는 두 가지 큰 실수를 피해야만 합니다. 첫 번째는 '주위를 맴돌며 쓸데없이 참견하기'인데, 그것은 우리의 후임자들이 마땅해 감당해야 할 사역의 자유함을 도리어 빼앗아가는 것이 됩니다. 두 번째 큰 실수는 본디오 빌라도를 흉내 내어서, 모든 것으로부터 우리의 손을 씻어버리는 것입니다. 그것은 후임자들이 진정 우리를 필요로 할 때 그들을 지원해 주는 대신에 우리들이 가진 다년간의 경험들을 내던져버리는 행위입니다. 이 사이의 어딘가쯤에 적절한 지점이 놓여 있을 것입니다. 그리고 주님은 우리가 그 지점을 찾을 수 있도록 도와주실 것입니다.

나이든 성도들이 가지는 기쁨 중의 하나는 하나님의 나라를 위하여 새로운 젊은 일꾼들을 찾기 위해 우리의 눈을 활짝 열어 두는 것입니다. 우리는 그들을 도전시킬 수 있으며, 그들을 훈련시키도록 도울 수 있으며, 그 후에 그들이 임무를 감당하도록 그들을 격려할 수 있고 그들이 우리의 도움을 필요로 할 때 도와줄 수 있습니다. 내가 나이를 먹음에 따라, 하나님이 도우셔서 지난 수년 동안 젊은 학생들, 젊은 직원들, 젊은 교회의 청년들 또는 단순히 내 친구가 되었던 젊은이들에게 영향을 끼쳤고, 그들을 가르쳐왔습니다. 또한 하나님이 그 젊은 남, 여 청년들에게 베풀어 주시는 한량없는 축복들을 옆에서 지켜보며 축복의 길로 그들이 걸어가는 것을 지켜보는 일은 참으로 나에게 더할 수 없는 즐거움이 되었습니다.

젊은 세대는 단순히 교회의 미래가 아닙니다. 이들은 지금 현재 교회 안에 있는 미래이기에, 우리는 무엇보다 이 사실을 간과해서는 안 됩니다. 다시 한 번 내가 앞에서 인용한 성경 본문을 읽어보십시오. 그리고 오늘 여러분이 서 있는 바로 그 자리에서 여러분이 젊은이들의 삶에 투자하는 데 도움을 주시도록 하나님께 요청하시길 바랍니다.

하나님의 일꾼과 사역
On Being a Servant of God

18. 젊은 세대와 사역

이제 젊은 일꾼들과 대화할 시간인 것 같군요. 나는 누구보다도 공평해야 하니까요.

미국의 역사학자인 찰스 비어드^{Charles A. Beard} 1에게 누군가가 아주 간단한 책으로 역사의 교훈을 정리할 수 있는지 물었습니다. 그는 단지 네 개의 문장으로 요약할 수 있다고 말했습니다.

---

1 Charles Austin Beard(1874-1948)는 미국의 정치학자, 역사가로 컬럼비아대학 교수를 지냈고, 미국 역사학회 회장, 정치학회 회장을 역임하였으며, 실용주의에 입각한 새로운 역사학(新史學)을 제창하고 사회개혁과, 사회 참여를 중시했다. 저서로는 『미국 헌법의 경제적 해석』(*An Economic Interpretation of the Constitution of the United States*), 『미국 문명의 발흥』(*The Rise of American Civilization*)등이 있다.*

"신들은 멸망시키고자 하는 자에게 먼저 권력의 위력을 주어서 그로 권력에 미치게 만든다."

"하나님의 심판은 느리게 느껴지지만, 반드시 철저하게 이루어진다."

"꿀벌은 꽃에서 꿀을 약탈해 가긴 하지만 꽃을 번식시킨다."

"어둠이 더욱 깊어질수록 별은 더욱 빛을 발한다."[2]

나는 주님을 섬기는 젊은 동역자들에게 말하고 싶은 바를 네 개의 문장으로 요약할 수 있습니다.

"담장이 세워져 있는 이유를 알기 전까지는 결코 그 담장을 허물지 마십시오."

"여러분이 군대의 본진보다 너무 앞서 가 있으면, 동료들은 여러분을 적군으로 오해할 수도 있습니다."

"사다리의 아랫단들에 대해 불평하지 마십시오. 여러분을 더 높은 곳으로 올라가도록 도와준 것이 그것입니다."

---

2 Charles P. Curtis and Ferris Greenslet, *The Practical Cogitator* (Boston: Houghton Mifflin, 1962), p. 148.

"화창한 무지개를 즐기길 원한다면, 폭풍을 감내할 준비를 먼저 하십시오."

    나의 목록은 비어드의 교훈만큼 심도 깊지 않을 수도 있습니다만 누군가가 50년 전에 이 이야기를 나에게 들려주었기를 희망했습니다.

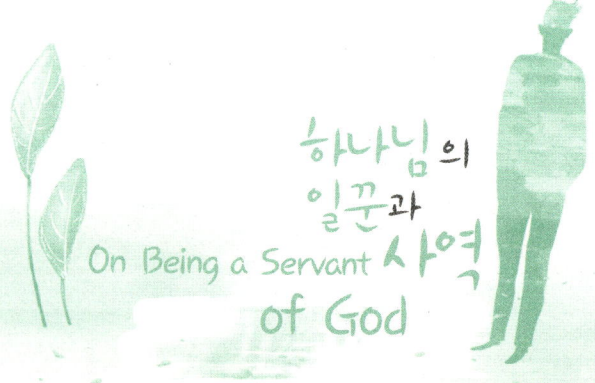

하나님의 일꾼과 사역
On Being a Servant of God

19. 독서와 사역

독서하는 사람들^{Readers}이 지도자들^{Leaders}입니다.

이 문구는 아마도 여러분이 익숙하게 들어본 내용일 것입니다만 이것은 엄연한 사실입니다. 나는 여러분이 이것을 믿고 그대로 실천하기를 바랍니다. 만일 여러분이 그렇게 독서한다면 같은 동료들 가운데서도 훨씬 앞서 나갈 수 있고, 더욱 쉽고도, 더욱 빠르게 여러분의 목표에 도달할 수 있습니다. 아울러 여러분이 그렇게 하는 동안, 균형 잡힌 방향 가운데서 주님께 영광을 돌려 드리며, 보다 더 효과적으로 쓰임 받는 일꾼이 되어 성숙해져가는 자신의 모습을 보게 될 것입니다.

여러분의 마음은 나누어주는 것으로 자라가지만, 여러분의 정신은 받아들이는 것으로 자라갑니다. 이 두 가지 모두는 행복하면서도, 섬김이 있는 조화로운 삶을 위해서 참으로 필수적인 요소들입니다. 책을 읽지 않는 일꾼들은 정신을 위한 연료와 영혼을 위한 음식물을 섭취하지 못하게 되어, 결국 거미줄과 같은 자신들의 사역에서 발전 없이 빙빙 맴돌기만 하다가 마침내 끝마치게 됩니다. 이에 비해 꿀벌들은 좀 더 나은 접근 방법을 취합니다. 꿀벌들은 많은 꽃으로부터 꽃가루를 모아서 가져 오지만 자신들만의 꿀을 만들어 냅니다. 대부분의 사람들은 거미줄보다는 꿀을 더 선호하지 않겠습니까.

독서에 관한 서너 가지의 근거 없는 신화들은 단호하게 밝혀내어, 처단하고, 매장시켜야 한다고 생각합니다. 그 첫 번째 잘못된 신화는 여러분이 효과적인 독자가 되기 위해서는 '학구파'의 사람이 되어야 한다는 것입니다. 나는 그리스도인 사역자들이 이렇게 말하는 것을 얼마나 자주 들어왔는지 모릅니다. "글쎄, 너는 책벌레니까 괜찮겠지. 하지만 나는 그런 학구파가 아니야."

나는 벌레라고 불리어지는 것이 불편하지는 않습니다. 그것이 책벌레라 해도 말입니다. 왜냐하면 우리 주님도 십자가상에서 매달려 계실 때 당신 자신을 벌레라 부르셨습니다.^{시 22:6} 하지만 나는 정확히 '학구파'가 무엇을 뜻하는지는 모르겠습니다. 내가 가정하기로는 이런 유형의 사람들은 책에다 자신의 코를 항상 붙이고 다니며 그의 두 발은 빈 허공에 단단하게 발 딛고 있어서 현실과 동떨어진 상아탑의 학자이거나, 아니면 강의실을 이리저리 배회하며 서서히 죽어가고 있으면서도 책임을 회피하는 사이비 지식인을 부르는 말이 아닌가 생각됩니다. 만일 그런 경우라면, 나는 자격도 갖추지 못했을뿐더러 오히려 그 편이 더 다행스럽습니다.

하지만 만일 '학구파'라는 말이 진리를 사랑하고 진리를 간절히 추구하는 사람을 의미한다면, 모든 진리가 하나님의 진리임을 믿는 사람을 의미한다면, 채굴되기 위해 기다리고 있는 진기한 보물이 다름 아닌 책들임을 아는 사람을 의미한다면, 나는 기꺼이 유죄임을 인정합니다. 사역을 위한 자격요건들 중의 하나는 "가르치기를 잘하는 것"^{딤전 3:2}입니다. "가르치기를 잘하는 것"은 "배우기를 잘하는 것"을 포함하고

19. 독서와 사역

있다고 보는 편이 합리적이라 생각됩니다. 잘 배우지 않는다면, 여러분은 무엇을 가르칠 수 있겠습니까?

나는 책 읽기를 반대하는 일단의 옹호자들로부터 "예수님은 자신을 따르는 이들을 '학생들'이 아니라 '제자들'이라 불렀기에, 독서가 너무 지나쳐서는 곤란하다"는 이야기를 오랫동안 들어왔습니다. 만일 그들이 '제자'disciple라는 단어의 의미를 제대로 이해했다면, 자신들이 주장하는 바가 얼마가 부실한지를 알았을 것입니다.

아마도 '도제'apprentice라는 단어가 우리가 아는 '제자'라는 단어와 가장 밀접할 것입니다. 도제는 자신의 스승과 함께 살며, 그를 지켜보며 배우는 사람이며, 이후에 선생님의 주의 깊은 조련의 눈 빛 아래에서 자신이 배운 바를 실습하게 되는 사람입니다. 그는 자신이 배운 바대로, 다른 사람들과 나눌 수 있습니다. 그 이유는 그 스스로 그런 과정을 모두 실천해 보았기 때문입니다. 책을 읽는다는 것은 주님과 함께하는 우리 실습기간의 한 부분입니다. 그것은 주님이 우리를 가르치신 한 방법이기도 합니다.

무지함을 거룩함과 동등하게 취급하는 일단의 괴상한 반

지성적 무리들을 제외하고는, 그리스도인의 믿음은 삶을 위한 도구로서 배움의 중요성을 늘 강조해 왔습니다. 하나님은 우리에게 영감 된 성경책을 읽으라고 주셨고, 우리는 그 책으로부터 설교하며, 그 책에 관한 책들을 저술하고, 그 책을 연구하는 학자들을 후원하고, 그 책을 가르치기 위해 교회와 학교를 세웁니다. 여러분이 그 사실을 인정하든 인정하지 않든 간에, 여러분이 주님이 세우신 교회의 한 부분이라면, 여러분은 수 세기 동안 훈련과 더불어 교육을 강조해 온 공동체의 한 부분에 포함됩니다.

여러분이 책 읽기를 멈춘다면, 여러분은 성장하는 것도 멈추게 됩니다. 그리고 여러분의 성장이 멈추게 되면, 여러분은 죽어가기 시작하는 것입니다. 이 과정은 느리고 고통이 없게 느껴질 수도 있겠지요. 하지만 실제로 책을 읽지 않는 사람이 밟고 가는 그 길은 오직 무덤으로만 인도할 뿐입니다.

하지만 서둘러 또 하나의 신화를 처치해야 합니다. 말 그대로, 이것은 책을 읽기만 하면 그 자체로 성장과 성공이 보장된다는 허상입니다. 그렇지 않습니다. 책을 읽는다는 것은 단지 금고의 문을 여는 열쇠에 불과할 뿐입니다. 여러분이 읽은 것을 잘 소화하는 것, 여러분이 이미 알고 있는 사실에다 읽은 것을 연결하는 것, 섬기는 현장에서 읽은 것을 실천하는 것이야말로 그 독서의 보물로 하여금 배당금을 지불하게 합니다. 금고의 문을 열고서 빈손으로 그 자리에 그대로 서 있는다는 것은 참으로 불행한 일이지요. 책 읽는 사람이 지도자가 되는 것은 오직 그들이 배운 것을 삶 가운데로 전환할 때 이루어지는 것입니다. 비유를 좀 바꾸어 보자면, 책을 읽는다는 것은 음식을 먹는 것과 유사합니다. 하지만 여러분이 음식을 먹고서 운동하지 않는다면, 점점 체중이 불어 날 것이고 결국 죽음에 이르게 될지도 모릅니다.

토마스 아 켐피스Thomas a Kempis 1의 격언이 여기에 적용되리라 봅니다.

---

1 Thomas a Kempis(1380-1471)는 독일의 사상가, 신학자로 92년 동안 일평생을 아그네텐베르크 수도원에서 보냈다. 이후 1425년 수도원의 부원장으로 후진 양성을 위해 지도서를 몇 권 썼는데, 그 중의 하나가 오늘날에도 널리 애독되는 『그리스도를 본받아』(*The Imitation of Christ*)이다.*

> 참으로 심판의 날에는 우리가 읽은 것으로 판단 받지 않고, 다만 우리가 행한 것으로 판단 받게 될 것입니다. 우리가 얼마나 좋은 말을 했는가에 의해 판단 받지 않고, 다만 우리가 얼마나 경건하게 살았느냐에 따라 판단 받게 될 것입니다.

처단해야 할 세 번째 괴물은 여러분이 최대한 많은 책들-특별히 베스트셀러-을 읽으면 좋은 독자로 자격을 갖출 수 있다는 논리입니다. 출판업자들과 서적 판매업자들은 이 베스트셀러를 조장합니다. 왜냐하면 사람들이 그 책을 읽든지 읽지 않든지 상관없이 이 베스트셀러로 사람들을 겁먹게 함으로 신간 서적들을 구입하게 만드는 것이지요. 이 겁먹은 고객들은 오직 책장에 진열하기 위해 모든 베스트셀러를 구입하고, 항상 언젠가는 그 책들을 읽을 것이라 다짐하곤 합니다. 대화 가운데 그 책이름이 등장하면, 그 사람들은 대개 이렇게 말하지요. "그래요. 나도 그 책을 가지고 있어요. 아직 그 책을 끝까지 다 보지는 못했지만." 책 표지의 선전문구만을 읽음으로써, 그들은 그 어떠한 토론 가운데서도 자신들의 의도대로 허세를 부릴 수 있습니다. 하지만 그들에게 있어 책들이란 사람들이 거의 찾아가지 않는 가게에서도

19. 독서와 사역

가장 멀리 떨어진 한 구석 자리에 놓인 물건과 동일하다고 생각합니다. 결국 그 사람들은 책들로부터 어떤 좋은 것도 얻어 가지 못하게 됩니다.

어떤 책을 베스트셀러라고 부를 때에, 여러분은 그 책이 반드시 어떤 주제에 대해 최고의 책이라거나 또는 그 책이 대단한 문학작품이라고 말하는 것이 아님을 알아야 합니다. 베스트셀러라는 용어는 1895년 『더 북맨』*the bookman*이라는 잡지의 편집자인 헤리 터스턴 펙*Harry Thurston Peck*에 의해 단순히 가장 많이 팔린 책을 지칭하기 위해 만들어진 용어입니다. 엘리스 패인 헤케트*Alice Payne Hackett*의 『70년 동안의 베스트셀러』*70 years of Best Sellers: 1895-1965*라는 책을 보면 흥미로운 사실을 발견할 수 있는데, 『스파큰브로크』, *Sparkenbroke: 1936* 『그리고 세월을 말하다』, *And Tell of Time: 1938* 『일급비밀』*Top Secret: 1946*과 같이 그때 당시만 반짝 유명했던 책들이, 그 이후 사람들의 기억에서부터 오랫동안 잊혀진 책들이 되었다는 사실입니다. 다니엘 부스틴*Daniel J. Boorstin*은 베스트셀러를 "그 책의 명성으로 인해 무엇보다 잘 알려진…책들 (때로는 예외도 있지만) 중에서 유명인사"라 불렸는데[2] 그는 누구보다 이 베스트셀러 목록을 잘 알고 있어야만 했습니다. 왜냐하면 그 자신이 수십 년 동안 미국 의회 도서관의 사서로 근무했기 때문입니다.

베스트셀러라는 헛된 신화 다음에 등장하는 맹점은 규모가 큰 개인 서재를 갖추려는 신화입니다. 다수의 설교자들과 성경교사들은 누구보다 열렬히 이 신화를 추종하지요. 그리고 그들과 함께 살며 계속 확장되어가는 이들의 도서관을 단지 구경하기만 하는 사람들도 이와 동일한 믿음을 가지게 됩니다. 이 논리는 상당히 수학적입니다. 만일 요한복음에 관한 책 한 권이 여러분을 현명하게 만들어 준다면, 요한복음에 관한 20권의 책들은 여러분을 20배나 더 현명하게 만들어준다는 수학적 논리입니다.

나는 내 개인 서재에서 요한복음과 관련된 책들을 일일이 세어 보았을 때, 요한복음과 관련된 책들이 50권도 넘게 있다는 사실을 발견했습니다. (나는 한 권으로 된 성경전체 주석은 여기에 포함시키지도 않았습니다). 하지만 만일 하나님이 나에

---

[2] *The Imitation of Christ* 1.1.3.

게 그중에 12권만 남겨두고 나머지 책들을 모두 정리하라고 명령하신다면, 나는 그렇게 할 수 있을 뿐 아니라 아마도 그 일이 나의 서재나 나의 사역을 약화시키지도 않을 것이라 생각합니다. 나는 요한복음에 관한 다수의 서적들을 가지고 있는 것이 기쁩니다. 왜냐하면, 그 책들은 여러 방면에서 나를 도와주었기 때문입니다 하지만 솔직히 고백하자면 수년 동안 그 중의 몇몇 책들은 아예 읽지도 못했습니다.

아무 음식이나 잔뜩 가져다 놓은 저녁식사가 아니라 미식가의 저녁식사와 같이 서재는 단순히 책을 쌓아 두기만하는 저장소가 아니라 지식의 습득 장소가 되어야 합니다. 여러분은 어떨지 잘 모르겠지만 나는 어떤 주제이든지 상관없이 출판된 모든 책들을 구입할 돈도, 그 책들을 읽을 시간도 없는 사람입니다. 어떤 바쁜 설교자나 성경교사가 주어진 성경 본문에 대해 50명이나 넘는 저자들이 다룬 본문을 연구할 시간이 있겠습니까? 설령 그렇게 한다 하더라도, 그렇게 책을 읽는 것이 그들의 사역을 위해 더욱 더 잘 준비되게 해준다고 보장해 주지도 않습니다. 수리공은 각각의 모든 작업을 위한 연장을 하나씩 가지고 있습니다. 하지만 그 각각의 모든 작업에 대해 10개의 연장을 들고 다닌다고 해서 그 무슨 유익이 있겠습니까?

여기에서 잠시만 한숨을 돌리고 갑시다. 만일 여러분이 특정한 연구 분야에 관심을 기울인다면, 여러분의 서재가 그것을 드러내 줄 것입니다. 나는 25년 이상 위대한 그리스도인의 일대기에 대해 각별한 관심을 쏟으며 연구해 왔습니다. 그래서 내 서재의 전기 분야에는 거의 1,000권 정도의 책이 있습니다. 나는 또한 빅토리아^{Victoria}시대의 역사[3]와 그 시대의 설교자들을 전문적으로 연구해 왔기에 상당히 많은 그 시대의 설교 도서 전집을 소장하고 있으며, 그것들은 모두 나의 도서목록으로 잘 정리해 두었습니다. 나는 이들 전체 도서 목록에다 매 한 권씩을 계속 추가하고 있는데 그 이유는 그것들 모두가 하나님이 나에게 하도록 맡기신 사역의 중요한 일부분이기 때문입니다.

다섯 번째 신화는 내가 '최고의 책 신화'라고 부르는 것입

---

[3] '빅토리아 시대'는 통상 영국의 빅토리아 여왕이 재위했던 1837-1901년의 기간을 지칭한다. 이 시대에는 사회적, 정치적, 종교적 운동의 발생뿐 아니라 많은 예술적 스타일, 문학 학교 등도 발흥된 중흥기였다.*

니다. 나는 특정한 주제에 대한 가장 좋은 책들의 목록을 본인들에게 알려달라고 요청하는 사람들로부터 자주 편지나 전화를 받곤 합니다. 나는 내 자신에게 해당되는 가장 좋은 책들을 알고는 있지만, 모든 사람들을 위해 내가 일러줄 수 없다는 것이 유감입니다. 책은 연장과 같아서 나에게 적합한 망치가 우리 옆집에 사는 꼬마 아이에게는 너무 무거울 수 있습니다. 나는 일전에 내가 찾아낸 아주 유용한 관련 서적을 누군가에게 빌려주었는데, 수년이 지난 이후에 그는 나에게 그 책을 되돌려주었습니다. 그 사람의 솔직한 설명은 이러했습니다. "나는 그 책을 어떻게 이용해야 할지 모르겠네요."

사역 초기에, 나는 윌버 스미스Wilbur Smith박사님[4]을 존경해서 그분이 추천한 많은 책들을 구입하곤 했습니다만 그 연장이 모두 다 내 손에 적합하지는 않다는 사실을 깨달았습

---

[4] Wilbur M. Smith(1894-1976)목사는 시카고 출생으로, 열성적인 독서가인 어머니의 영향을 받아 5세부터 책 읽는 법을 어머니로부터 지도받아, 평생 책과 더불어 살았으며, 그의 개인 도서관에는 25,000권 정도의 도서가 빼곡히 들어차 있었다. 20년 동안의 목회사역 후 무디신학교(Moody Bible Institute)와 풀러신학교(Fuller Theological Seminary)에서 교수하였다. 대표적인 저서로는 *Therefore Stand*가 있다.*

니다. 나는 여전히 스미스 박사님을 존경하며, 그분이 추천해준 도서들을 구입함으로 인해 상당한 도움을 얻었습니다. 하지만 나는 누군가가 '그 책이 최고다'라고 말했다는 이유만으로 그 책을 구입하지 말아야 한다는 사실을 이내 배웠습니다.

토저A. W. Tozer는 "가장 좋은 책은 단순히 정보만을 알려주는 책이 아니라 독자 스스로 지식에 최대한 정통하도록 자극해 주는 책이다"라고 썼습니다.[5] 가장 좋은 책은 여러분이 생활하며, 최선을 다하도록 이끌어 주는 데 도움을 주는 책입니다. 다윗이 사울 왕의 갑옷과 투구를 입은 채로는 싸울 수가 없었던 것처럼, 여러분과 나도 다른 누군가를 위해 고안된 연장들을 사용하는 것은 효과적일 수 없습니다.

처단해야 할 여섯 번째 괴물은 인정받은 저자들의 신화입니다. 교회 안팎에서 모두 이교도적 정신을 가진 사람들이 이 괴물을 여전히 잊지 않고 사용하고 있습니다. 그들은 '안전한', '의심스러운' 그리고 '금기시된' 저자들의 목록을 가지

---

[5] "Some Thoughts on Books and Reading," in *Man: The Dwelling Place of God* (Harrisburg, Penn.: Christian Publications, 1966), p. 149.

고 있지요. 더불어 그들은 자신들의 목록을 친교나 영성의 시험대로 사용합니다. 어떤 목사님이 본인이 동의하지 않는 신학자가 쓴 책을 내가 추천했다는 이유만으로 그 교회의 도서관에서 내가 쓴 책들의 모든 도서목록이 제거되었다는 이야기를 들은 적이 있습니다. 나는 그분이 동의하지 않는 그 주제에 대해 책을 써본 적이 없지만 그 목사님은 내가 그 교회의 성도들을 부패시킬 수도 있다고 걱정한 것 같습니다.

우리가 젊은이들이나 미성숙한 그리스도인들에게 책을 추천할 때 우리는 신중하고도 상식을 가지고 접근해야 합니다. 우리는 그들이 튼튼한 치아를 가지기도 전에 고기를 씹어 먹도록 요구해서는 안 됩니다. 그리고 그들이 도전을 받아들일 만한 적당한 시기가 되었을 때에 우리는 그들이 신중하게 처신하도록 주의를 주는 것도 옳습니다. 하지만 그들은 평생 동안 이 일을 하며 살아갈 것입니다. 그리스도 안에서 우리가 성숙해져 갈 때, 좋은 것과 나쁜 것 중에 하나만을 선택하기를 그치고, 좀 더 좋은 것과 가장 좋은 것을 분별하기를 시작할 것입니다.

"고전의 분위기를 잘 익혀 두게나"라고 머레이 맥체인 목사는 친구에게 이렇게 썼습니다. "참으로, 우리는 고전을 알아야만 한다네. 그렇지만 화학자가 독의 특성을 파악하고 그 독에 감염되지 않기위해 독을 조심해서 다루는 것처럼 주의해야 하네."[6] 그는 유익한 조언을 해주었고, 나는 그것을 여러분에게 추천합니다. 여러분이 읽는 책을 누가 썼든지 간에, 하나님의 말씀에 비추어 여러분이 읽은 책을 점검해 보고, "무엇에든지 참되며…경건 하며…옳으며…정결하며…사랑 받을 만하며…칭찬받을 만한 것들을"빌 4:8 붙잡기를 바랍니다.

나는 여러분이 폭넓게 읽고 가능한 많은 저자들로부터 여러분이 배울 수 있는 모든 것들을 배우기를 강권합니다. 책을 읽는 것은 음식을 먹는 것과 같으며, 우리 모두는 다른 기호들을 가지고 있습니다. 내 친구들을 설레게 만드는 어떤 작가들은 정말로 나를 따분하게 만들긴 하지만, 그것은 그저 우리의 입맛이 다르다는 것을 의미하는 것뿐이지요. 여

---

[6] Andrew A. Bonar, *Memoirs and Remains of Robert Murray M'Cheyne* (London: Banner of Truth, 1966), p. 29.

러분은 중국음식이나 파스타를 좋아하지 않는 사람들과는 더 이상 교제하지 않을 건가요?

　그렇지만 책을 너무 광범위하게 읽지는 마십시오. 왜냐하면 그러한 책읽기가 도리어 여러분에게 중요하고, 의미를 주는 저자들에게 집중하지 못하게 만들 수도 있기 때문입니다. 어떤 저자가 여러분에게 얼마나 많은 도움을 주었든지 간에, 그 사람의 제자가 되려고 하지도 마십시오. 하지만 여러분을 더욱 더 나은 사람, 더 나은 학생, 더 나은 주님의 일꾼으로 이끄는 메시지를 가진 저자들을 꼭 파악해 두시길 바랍니다.

　그 책이 얼마나 오래된 책이든지 간에, 만일 여러분이 한 번도 읽지 않았다면 그 책은 여러분에게 새 책입니다. 그러므로 여러분은 새로운 저자들의 책을 읽는 데 용감해지십시오. 친숙해지도록 여러분의 시간을 책 읽는 데 투자하십시오. 그러면 여러분은 평생의 친구를 만들 수 있을 것입니다. 새로운 저자를 만나는 가장 좋은 비법 중의 하나는, 고서古書이든지 신간新刊이든지 간에, 전집류를 읽는 것입니다. 나에게 있어 전집은 수많은 훌륭한 요리사들이 준비한 모듬 요리와 같습니다. 그래서 그 모두는 나에게 즐거움을 안겨줍니다! 여러분은 그 책들을 인근의 지역 도서관에서 찾을 수 있을 것입니다. 내가 그 사실을 압니다. 왜냐하면 도서관에서 할인할 때 그런 전집류들을 몇 차례 구입한 적이 있거든요!

헨리 소로우Henry David Thoreau 7는 내가 따라갈 수 없는 다재다능한 사람-자연주의자, 독신자, 야영자, 낚시꾼, 교회 중도 포기자 그리고 혼자 지내는 사람-이었습니다. 하지만 그의 책 『월든』Walden 8은 내가 가장 좋아하는 책 가운데 한 권일 뿐 아니라 많은 여행 가운데 자주 내가 가지고 가는 목록 중의 한 권이기도 합니다. 내가 그의 책 3장 '독서'를 펼쳐 볼 때마다, 나는 입가에 웃음을 지으며, 고개를 끄떡이며 공감하고

---

7 Henry David Thoreau(1817-1862)는 미국의 사상가이며 문학자이다. 미국 메사추세츠 주에서 출생해 하버드대학 졸업 후 1845-1847년까지 약 2년에 걸쳐 월든 호숫가에서 생활하는 동안 소로우는 자신의 사색, 자연과 주위 환경과의 관계 등에 대해 자세히 기록했다. 이후 그때의 경험을 재구성해 책으로 출간했는데 그 책이 바로 『월든』(*Walden, or Life in the Woods*, 1854)이다.*

8 『월든』(*Walden*)은 헨리 소로우가 지은 책으로 원제는 『월든, 또는 숲 속의 생활』(*Walden, or Life in the Woods*)이다. 월든은 이 책의 배경이 되는 호수로 미국 동부 메사추세츠 주의 보스턴에서 북서쪽으로 20마일(32km) 떨어진 곳의 콩코드(Concord)라는 도시 근처에 있는 면적 62acre(대략 가로 세로 500m의 넓이에 해당)의 비교적 작은 호수이다.*

있는 내 자신을 발견하게 됩니다. 소로우는 독서에 대해 이렇게 썼습니다.

> 독서를 잘한다는 것, 다시 말해서 진실한 마음으로 진실한 책들을 읽는다는 것은 참으로 고귀한 활동이다. 아울러 독서는 하루의 일상 가운데 그 어떤 활동보다도 책을 읽는 사람에게 더 많은 수고를 요구한다. 독서는 한 가지 목적에 도달하기 위해 운동선수들이 거의 인생 전체를 바쳐 끊임없이 전념하고, 참아내는 것과 같은 수준의 훈련을 책을 읽는 사람에게 요구한다‥수많은 사람들이 한 권의 책을 읽음으로써 그의 인생 가운데 새로운 시대를 열어가지 않았던가?[9]

여러분의 인생에서 새로운 시대를 맞이할 준비가 되어 있으신지요?

---

9 Henry David Thoreau, *Walden* (Princeton, N.J.: Princeston University Press, 1971), pp. 100-101, 107.

20. 가정과 사역

나는 복음의빛 출판사(Gospel Light Publications)[1]의 창립자인 헨리에타 미어스(Henrietta Mears) 여사[2]가 결혼하지 않은 유일한 이유에 대해 일전에 들은 적이 있습니다. 그녀가 결혼하지 않은 이유는 사도 바울이 죽었기 때문이라고 합니다.

---

1 복음의빛 출판사(Gospel Light Publications)는 Henrietta Mears 여사에 의해 1933년 설립되어 주일학교와 성경학교 교재를 연구, 출판하며, 개 교회에서 '예수 그리스도를 더 잘 알게 하는 것'을 목표로 현재도 영향력 있게 사역하고 있는 기독교출판사이다.*

2 Henrietta Mears(1890-1963)는 20세기 복음주의적 기독교계에 엄청난 영향을 끼친 기독교 여성 교육자요, 저술가이다. 캘리포니아 헐리우드에 있는 제일장로교회의 교육담당자로 있을 때, 수백 명의 사람들이 그녀의 성경 수업을 듣기 위해 몰려들었다. 그녀는 복음의 빛(Gospel Light Publications) 출판사를 창립하였고, 『성경의 파노라마』(*What the Bible is All About*)는 대표적인 그녀의 저서이다.*

하지만 만일 그녀가 결혼했더라면, 비록 배우자가 위대한 사도 바울이라 해도, 나는 미어스 여사가 이루어 놓은 이 모든 일들을 과연 그녀가 할 수 있었을까 의아스럽습니다. 우리는 결코 알 수가 없을 것입니다. 그렇지만 이 부분은 확실히 알 수 있겠지요. 만일 여러분이 현재 **결혼한 상태**이고, 효과적으로 주님을 섬기길 원한다면, 여러분은 반드시 배우자와 아이들을 고려해야 한다는 것입니다. 그렇지 않다면, 여러분의 사역과 결혼 모두는 파국으로 치닫게 될지도 모릅니다.[3]

> 장가 가지 않은 자는 주의 일을 염려하여 어찌하여야 주를 기쁘시게 할까 하되 장가 간 자는 세상 일을 염려하여 어찌하여야 아내를 기쁘게 할까 하여(고전 7:32-33).

---

[3] 여러분이 결혼하지 않았다면, 이 장을 읽지 않고 그냥 건너뛰고 싶은 유혹에 빠질 수도 있을 겁니다. 하지만 그 유혹에 넘어가지 마십시오. 내가 말해야 하는 대부분의 것은 모든 그리스도의 일꾼들에게 적용됩니다. 여러분은 아마도 여러분의 예상보다 더 빨리 결혼할지도 모르지요. 그래서 여러분이 결혼을 기다리는 동안에 여러분은 지금 이것을 필요로 하는 다른 사람들과 더불어 이 내용을 함께 나누면 좋겠습니다.

바울의 진술은 너무 일방적이고, 부당하게 들려질 수도 있습니다. 하지만 여러분이 그 상황을 이해한다면, 여러분은 균형 잡힌 시야를 가지게 됩니다. 바울은 사람들이 결혼하려는 것이나 또는 결혼한 사람들이 주님을 섬기는 것을 반대했던 것이 아닙니다. 바울은 사람들이 하나님의 뜻을 벗어나 결혼하려고 하거나, '임박한 환난'[고전 7:26]을 무시해버리는 사람들에게 반대했던 것입니다. 사랑에 눈이 멀수도 있겠지만 바울 사도는 고린도에 사는 그리스도인들이 그들의 눈을 한껏 열고 결혼할 것을 요구했습니다.

예수님은 모든 사람이 다 결혼하기로 예정되어 있다고 가르치지 않았습니다.[마 19:10-12] 하지만 일반적으로 말하자면, 대다수의 사람들에게는 결혼하는 것이 가장 좋은 모양새입니다. "남자가 독처 하는 것이 좋지 않았다"는 것은 그 상황에 대한 하나님의 평가였습니다. 그래서 하나님은 그 해결책으로 결혼제도를 제정하셨던 것이지요. 나는 내 아내가 우리 사역에 있어서 없어서는 안 될 존재가 되어왔으며, 이를 통해 우리는 한 팀이 되어 하나님이 우리에게 맡기신 일을 감당할 수 있었다는 사실을 분명하게 입증할 수 있습니다. 어떤 뛰어난 사역자들은 미혼으로 남아있기를 선택하기도 하지만, 나는 주님이 그들 중의 한 사람으로 나를 부르시지 않은 것에 감사할 따름입니다.

결혼에 있어서의 공식은, '둘이 하나가 되는 것'입니다. 따라서 이 기적의 공식을 결코 잊어버려서는 안 됩니다. 결혼은 한 남자와 한 여자가 더 이상 '내 것'과 '네 것'이라고 말하지 않는 것을 의미합니다. 결혼한 사람들은 오직 '우리 것'이라고 말해야만 합니다. 만일 부부중의 한 사람이 사역을 한다면, 다른 한 사람이 그 사실을 받아들이든 받아들이지 않든 간에, 두 사람 모두가 함께 사역을 하는 것입니다. 결혼이란 50:50의 협력관계가 아닙니다. 결혼은 각각의 배우자가 다른 배우자를 위해 사는 것과 동시에, 두 사람 모두 주님을 위해 살아가는 100%의 청지기의 직분입니다.

고린도전서 7:32-33에 있는 바울 사도의 진술에 대한 피상적인 해석은 결혼한 사람들은 하나님을 기쁘시게 하든지 아니면 자신들의 배우자를 기쁘게 하든지 그 가운데 하나를 선택해야 한다는 인상을 줄 수도 있겠지만, 그것은 전혀 그 상황에 맞지 않는 해석입니다. 바울 사도는 단순히 이렇게 말하는 것입니다.

> 만일 여러분이 결혼을 해서 주님을 섬기길 원한다면, 여러분이 주님을 기쁘시게 할 그 때에 함께 기뻐하는 그런 그리스도인 배우자를 선택하십시오. 그렇게 하면 가정 안에서 어떠한 분쟁도 없을 것이고, 여러분은 배우자와 함께 효과적으로 주님을 섬길 수 있습니다.

다른 방향에서 그것을 말해 볼까요? 사역과 결혼 사이의 관계에 대해 말하자면, 만일 여러분이 많은 사람들에게 물어본다면 여러분은 세 가지의 서로 다른 철학에 도달하게 될 것입니다. 누군가는 가정이 반드시 첫 번째 자리에 있어야 하고 그 다음에 주님의 사역이 두 번째를 차지해야 한다고 말할 것입니다. 다른 이는 사역이 가정보다 더 우선순위에 있어야 한다고 순서를 뒤집을 것입니다. 나는 다음의 두 가지 이유들로 인해 이러한 접근방식 모두에 동의하지 않습니다. 두 가지 접근 모두 성경적이지 않으며, 그러하기에 자동적으로 서로 충돌만을 야기시킵니다.

만일 실제로 '둘이 하나가 된다면', 가정과 사역도 하나로 연합됩니다. 이 둘은 하나입니다. 하나님이 짝지어 주신 것을 우리가 나누어서는 안 됩니다.

하나님이 나와 내 아내에게 허락하신 주된 사역이 지역교회와 연결되어 있으므로, 내 요점을 설명하기 위해 목회사역을 예로 들어 봅시다. 좋은 교회를 만드는 것이 무엇인가요? 최소한 세 가지입니다. 사랑, 진리, 훈육. 우리는 사랑 가운데 진리^{엡 4:5}를 말하고, 애정 어린 훈육 가운데 진리를 실천합니다. 좋은 가정을 만드는 것이 무엇이겠습니까? 사랑, 진리, 훈육입니다. 그리스도인 가정과 그리스도의 교회는 말씀과 기도라는 동일한 도구들을 통해 세워집니다. 그리고 사랑, 진리, 훈육이라는 동일한 기초 위에 세워집니다.

교회들을 위하여 아내와 내가 할 수 있었던 최선의 일은 우리가 좋은 가정을 세우고, 하나님과 교회에 기쁨이 되는 아이들을 양육하는 일에 헌신하는 것이었습니다. 우리 가정을 위해서 우리가 할 수 있는 최선의 일은 우리 아이들이 출석할 좋은 교회들을 세우는 것이었습니다. 가정과 사역 이 둘이 하나가 되었습니다.

가정과 교회가 동일한 영적 도구들과 더불어서 동일한 영적 기초 위에 세워지는 한, 그곳에는 분명히 심각한 문제가 없을 것입니다. 우리가 가정에서나 교회에서나 사랑, 진리, 훈육, 기도 또는 하나님의 말씀을 등한시 할 때 분쟁이 나타납니다. 분쟁은 또한 부모님들이 가정에서는 이렇게 행동하고, 교회에서는 아주 다른 모양으로 행동할 때에 나타납니다. 이것이 바로 위선입니다. 이 상황은 우리 아이들의 마음 가운데 혼동을 주어서, 원수들이 활개칠 기회를 주는 것입니다.

가족의 모든 구성원들이 사역의 한 부분이며, 우리 가족 모두가 교회와 가정을 다 함께 세워 나간다는 것을 우리의 자녀들이 이해하게 될 때에 우리는 어떤 결정을 함에 있어 우리에게 도움을 주는 공통의 시야를 지니게 됩니다. 이것은 어느 한쪽만의 '이것 아니면 저것'or의 선택이 아닙니다. 이것은 양쪽 모두를 포괄하는 '그리고'and의 선택입니다.

우리의 사역 가운데에서, 교회의 필요로 인해 우리 가족들의 일정이 변경되어야 할 때가 있었습니다. 하지만 아내와 내가 교회를 위해 할 수 있는 최선의 일이 다름 아닌 우리 가족들을 위해 더 많은 시간을 쓰는 것일 때도 있었습니다. 사역의 요구에 따른 불평에도 불구하고, 목회자는 그 자신의 세부 일정을 만들어내고, 교회 안의 다른 사람들이 가지지 못하는 일정을 조정할 특권이 있습니다. 우리도 그 와중에 적지 않은 실수들을 했지만(하나님이 당신의 자녀들인 우리를 용서해 주심에 더없이 감사드립니다!), 나는 한 번도 가정과 교회가 서로 전쟁과 같은 상황에 놓인 것 같이 느꼈던 슬픈 기억은 전혀 없습니다.

우리의 아이들이 점점 자라고 피아노 수업, 스포츠, 슬럼버 파티 slumber party 4 아이 돌보기, 시간제 아르바이트와 그밖에 요즘의 삶에서 벌어지는 모든 종류의 행사들에 점점 참여하게 될 수록 문제는 더욱 더 복잡해집니다. 바로 그때가 우리 모두가 던지거나 또는 받거나 하는 식의 가족 서커스단을 운영해야만 하는 시기가 될 터인데, 그 때의 가장 첫 번째 규칙은 어느 누구도 자기중심적으로 항상 가운데 자리만을 고집하지 않는다는 것입니다. 우리가 일단 여기에 동의하면 그 다음은 훨씬 쉬워집니다.

---

4 10대의 여자 아이들이 한 친구의 집에 모여 잠옷 바람으로 밤새워 노는 모임.*

그리스도인 가정이라는 기계는 기도의 윤활유로 부드러워진다는 것은 두 말 할 필요가 없이 우리 모두가 잘 알고 있는 사실입니다. 아빠와 엄마는 매일매일 자신들의 개인 경건의 시간을 가져야 하며, 더불어 부모들은 가족 경건의 시간 안에서 자녀들을 인도하여야 합니다. 오랜 시간의 종교예식이나 지루한 예배가 아닌, 짧은 시간에 (급하지 않게) 말씀을 들여다보고 의미 있는 기도의 시간을 가지는 것입니다.

각각의 가족 구성원들은 자신들만을 위한 경건의 시간을 만들어야 합니다. 그래서 때로는 그 시간에 웃게 되는 것을 두려워하지 마십시오. 답답한 가족 예배를 참아내는 동안에 행복을 강요하는 것 같이 되는 몇몇의 사소한 일들로 인해 성경과 기도로부터 아이들이 멀어질 수 있습니다. 하지만 당신이 개인적으로 기도하는 데 시간을 쓰지 않거나 당신과 당신의 배우자가 함께 기도하지 않는다는 사실을 자녀들이 알고 있다면, 여러분의 가족이 식탁에서 함께 기도하는 것은 아무 소용도 없을 것입니다. 진리, 사랑, 훈육은 우리의 집을 그리스도의 가정으로 만듭니다. 하지만, 이 모든 것은 아빠와 엄마가 반드시 함께 시작해야만 합니다.

여러분이 지금 속한 사역에 상관없이-전임사역자나 또는 봉사자이든지-만일 여러분의 가정이 상처를 받고 있다면, 여러분의 가정이나 사역에, 또는 이 두 가지 모두에 무엇인가 문제가 있는 것입니다. 하나님은 하나의 좋은 것을 허물고서 다른 편의 좋은 것을 세우시지 않습니다. 만일 여러분의 가정이 사역과 경쟁구도 속에 있으며 불편한 마찰을 만들어 내고 있다면, 여러분은 멈추어 서서 그 일을 면밀히 검토하고, 근본적인 변화를 만들어낼 필요가 있습니다.

명심하십시오. 여러분의 사역을 위해 여러분이 할 수 있는 최선의 일은 경건한 가정을 세우는 것입니다. 그리고 여러분의 가족을 위해 여러분이 할 수 있는 최선의 일은 하나님이 영광 받으시는 사역을 세우는 것입니다. 가정과 사역은 친구이지 원수가 아닙니다. 그리고 이 둘을 친구로서 계속 사귀게 만드는 것이 여러분의 숙제입니다.

21. 기쁨의 사역

캐나다 토론토에 있는 The People's Church[1]에서 설교할 기회를 자주 가진 것은 나에게 큰 특권이었습니다. 몇 년 전에 나는 그 교회를 개척하신 지금은 고인이 되신 오스왈드 J. 스미스^{Oswald J. Smith}박사님[2] 사무실에 앉아서, 벽에 붙어 있

---

1 The People's Church는 1928년 캐나다의 토론토에서 Oswald J. Smith 목사에 의해 개척되었다. 이 교회의 비전 선언문에는 '모든 민족을 그리스도께로'라는 오스왈드 목사의 선교에 대한 강한 도전 선언이 지금도 변함없이 흐르고 있으며 지금도 여전히 선교사역에 전념하는 교회이다. 오스왈드 목사를 이어 그 아들이 목회했었다.*

2 Oswald Jeffrey Smith(1889-1986) 목사는 캐나다 태생으로, 설교자, 저술가, 선교동원가로 1928년 토론토에 있는 The People's Church를 개척하여, 캐나다 복음주의 운동을 선도하였다. 일생 동안 전 세계 80개국을 누비며 12,000번 이상의 설교를 했으며, 35권의 책, 1,200편의 시, 100곡이 넘는 찬양곡을 썼으며, 대표적인 저서로는 『구령의 열정』등이 있다.*

는 사진에 대해 함께 이야기하고 있었습니다.

"저기 있는 신사 분은 누구인가요?" 나는 사진을 가리키며 물었습니다. "왠지 내가 아는 사람 같군요."

"그분은 B. D. 액클리B. D. Ackley 3입니다." 스미스 박사는 말했습니다. "내 노래들 중 거의 100곡 이상을 작곡하신 분이 바로 그분입니다."

여러분은 스미스 박사님과 액클리가 함께 작업한 첫 번째 노래의 제목이 떠오르시나요?

주님을 섬기는 곳에는 기쁨이 있습니다. There's Joy in Serving Jesus

예수님이 여러분을 부르셔서 맡기신 섬김의 분야가 어느 곳이든지 상관없이 주님을 섬기는 곳에는 기쁨이 있습니다. 이 기쁨을 절대 잃어버리지 마십시오. 만일 기쁨을 상실하게 된다면, 여러분의 섬김은 부담이 되기 시작할 것

---

3 Bentley De Forest Ackley(1872-1958)는 그의 형이 유명한 작곡가로 일찍부터 음악교육을 배웠으며 1907년 복음 전도자 빌리 선데이(Billy Sunday)의 선교음악 팀에 가입해 함께 복음 순회 사역을 감당하였다. 작사, 작곡가로 3,000곡 이상의 찬양을 지었다.*

이고 그 일을 그만두고 싶다고 느낄 것입니다. 왜냐구요? 그 이유는 "여호와를 기뻐하는 것이 여러분의 힘이 되기 때문입니다."느 8:10

필립스 브룩스는 말했습니다.

> 우리 함께 기뻐합시다. 이 세상에는 사람들이 즐길 만한 좋은 것들과 행복한 것이 넘쳐납니다. 하지만 하나님은 우리에게 가장 좋은 것과 가장 큰 행복을 주셨으며, 우리를 하나님의 진리의 설교자들로 부르셨습니다.[4]

브룩스는 목회자가 되려는 신학생들에게 이렇게 말했지만, 그가 한 말은 기독교 사역을 섬기고 있는 누구에게든지 적용됩니다. 우리가 찾을 수 있는 "가장 좋은 것과 가장 큰 행복"은 주님을 섬기는 것입니다. 사도 바울은 용기 있는 사람이었습니다. 그는 위험한 지역으로 여행하며, 자신과 동의하지 않는 사람들과 부딪치는 것이나 완고한 적대자들과

---

[4] Phillips Brooks, *The Joy of Preaching* (Grand Rapid, Mich.: Kregel, 1989), p. 25. 이 책은 1877년 예일대학 신학부에서 필립스 브룩스가 행한 『설교학 강의』의 개정판이다.

싸우는 것도 두려워하지 않았습니다. 그렇지만 바울을 두렵게 하는 것이 한 가지 있었는데, 그는 그것을 고백하기를 부끄러워하지 않았습니다.

> 내가 남에게 전파한 후에 자신이 도리어 버림을 당할까 두려워함이로다(고전 9:27).

이 이미지는 그리스의 운동경기에서 비롯된 것입니다. 바울은 자신에게 주어진 역할이 각종 운동 경기를 알리며, 참가 선수들을 호명하고 그들에게 경기 규칙을 알려주는 공식적인 대변인의 역할과 같다고 여겼습니다. 다른 이들을 그리스도인의 달음질에 참여시키고, 그들이 그 규칙을 따르도록 격려하는 사람이 바울 사도였습니다.^{딤후 2:5} 하지만 바울 그 자신 역시도 운동장에서 달음질 하고 있던 믿는 자였습니다. 바울 자신도 그 경기에서 규칙들을 따르지 않음으로써 버려짐을 당하면 안 되었기에 그도 두려워했습니다. 그것은 구세주를 믿음으로써 천국에 가는 그런 문제가 아니었습니다. 그것은 그의 사역을 잃어버리는 문제였으며, 그 달음질

의 마지막에 예수님이 그에게 주는 상급의 문제이기도 했습니다. 빌 3:12-16

만일 하나님이 여러분의 사역을 거두어 가신다면 여러분은 어떻게 하겠습니까? 여러분은 책임에서 벗어났으니, 그 일을 감당할 다른 누군가를 찾으실 건가요? 만일 그렇게 한다면, 우선적으로 여러분은 사역을 하지 말았어야 했다고 생각해 볼 수 있겠지요. 만일 여러분이 그 달음질에서 조용히 실격된다면, 쓴 뿌리가 생긴 채로 주님께 등을 돌리시겠습니까? 그렇지 않으면, 주님의 얼굴을 구하면서 주님을 섬기는 특권을 바라며 간청하시겠습니까? 나는 여러분이 "내가 주님을 근심케 하고, 내 사역을 잃어버리게 되는 일들이 생기기보다는 차라리 내가 죽어서 천국에 가는 편이 낫겠다"고 고백하게 되기를 희망합니다!

하나님이 여러분을 불러주신 그 기독교 섬김의 영역이 무엇이든지 상관없이, 사역을 감당하고 있다는 것과 예수님을 섬길 수 있다는 것은 참으로 큰 특권입니다. 어떤 부분에서, 그 일은 세상에서 가장 감당하기 힘든 일입니다. 하지만 많은 부분에서 그 일은 세상에서 가장 행복한 일입니다. 그렇습니다. 그 일은 눈물과 시련을 가져다주지만, 또한 기쁨과 승리를 가져다줍니다. 그리고 최상의 것은 아직 오지 않았습니다!

사역 가운데에서 우리는 어떤 기쁨을 얻을 수 있을까요?

내가 생각하기에 첫 번째가 되며 가장 우선적인 사실은 주님이 여러분에게 원하시는 것을 여러분이 행함으로써 주님을 기쁘시게 해드리는 기쁨이 있다는 것입니다. 하나님의 일꾼들이 마음으로부터 하나님의 뜻을 행하려 할 때 하나님은 그분의 백성들을 기뻐하며, 하나님의 마음에 기쁨을 가져다줍니다.^{엡 6:6} 하나님을 기쁘시게 해드리는 것이 섬김을 위한 여러분의 동기에 있어서 가장 우선순위에 있어야 합니다. 만일 그렇다면, 하나님의 영광 앞에 여러분이 서게 될 때, 여러분은 주님으로부터 "잘하였도다"^{마 25:21}라는 칭찬을 듣게 될 것입니다.

또한 여러분이 하나님의 뜻을 좇아 행할 때 더욱 주인을 닮아가며 성장하는 기쁨이 있습니다. 모든 그리스도인들은 "그 아들의 형상을 닮아가도록"^{롬 8:29}되기 위해 힘써야 합니다. 또한 주님을 섬기는 사람들은 주님으로부터 배우는 놀라운 기회를 가지며, 더욱 그분과 형상을 닮아가야 합니다. 맥체인^{M'Cheyne}이 썼던 문구를 기억하십시오. "예수님을 닮아가게 하시는 하나님의 축복은 특별히 뛰어난 재능이 아닙니다."5

세 번째 기쁨은, 다른 사람들에게 예수 그리스도를 알게 하며 그분을 위해 살도록 도와주는 가운데 얻는 기쁨입니다. 하나님이 여러분을 부르셔서 감당하시길 원하시는 사명이 무엇이든 상관없이, 만일 여러분이 성령님의 능력 가운데에서 그리고 하나님의 영광을 위해서 그 일들을 감당한다면, 하나님은 누군가를 도울 수 있도록 그 사명들을 사용하실 것입니다. 여러분은 그것에 관해 도저히 알지 못할 수도 있습니다! 하지만 하나님의 뜻 안에서 그리고 하나님의 무한한 사랑을 위해서 이뤄지는 것은 그 어떤 것도 낭비되는 것이 아니라는 사실을 마음에 깊이 새길 때, 여러분은 하나님 아버지를 신뢰할 수 있습니다. 이것이 바로 마리아가 예수님께 향유를 부었을 때, 주님이 마리아에게 하신 말씀이

---

5 Andrew A. Bonar, *Memoirs and Remains of Robert Murray M'Cheyne* (London: Banner of Truth, 1966), p. 282.

지 않습니까?요 12:1-8

네 번째 기쁨은 여러분이 주님을 섬길 때, 하나님이 허락하시는 일을 제외하고는 여러분에게 어떤 일도 생기지 않을 것임을 아는 것 가운데 기쁨이 있습니다. 바울은 다가올 죽음을 기다리던 로마의 수감자로 있는 동안에 그의 가장 기쁨이 넘치는 편지를 썼습니다. "형제들아 내가 당한 일이 도리어 복음 전파에 진전이 된 줄을 너희가 알기를 원하노라"라고 바울은 빌립보에 있는 그의 친구들에게 편지했습니다.빌 1:12 그의 마음 안에 가장 중요한 것은 자신의 안전도, 안락함도 아니었습니다. 가장 중요한 것은 로마에 복음이 선포 되는 것이었고, 구세주 되시는 주님께로 사람들이 돌아오는 것이었습니다.

또 다른 사역의 기쁨은 하나님을 섬기고 있는 다른 사람들과 함께하는 아름다운 교제입니다. 예수님은 당신의 일꾼들에게 "형제요, 자매요, 모친이요, 자녀들"을 얻게 될 것이라 약속하셨습니다."막 10:30 그리고 주님은 이 약속을 지키십니다. 섬김의 교제 가운데 들어가는 것과 여러분이 다른 이들을 위해 기도하는 것처럼 다른 이들이 여러분을 위해 기도하고 있다는 것을 안다는 것이 얼마나 우리의 사역을 풍성하게 해 주는지요!

나는 계속 더 말하고 싶긴 하지만 그리스도를 위한 여러분의 섬김이 영원토록 지속된다는 것을 아는 가운데 기쁨이 있다는 사실을 알려드리며 매듭을 짓고 싶습니다. "오직 하나님의 뜻을 행하는 자는 영원히 거하느니라."[요일 2:17] 여러분이 만난 대부분의 사람들은 매일 매일 그들의 삶을 허비하거나 그렇지 않으면 그들의 삶을 단지 살아가거나 하겠지만, 하나님의 일꾼들은 영원 가운데로, 자신들의 삶을 투자하는 특권을 지니게 됩니다. 자주 인용되는 짐 엘리엇(Jim Elliot)[6]이 그것을 완벽하게 알려줍니다.

---

[6] Jim Elliot(1927-1956) 선교사는 미국 오리건 주의 포틀랜드에서 태어났으며, 휘튼대학(Wheaton college) 재학시절 지도력 있는 우수한 학생이었으며, 레슬링부의 챔피언이자 스타이기도 했다. 졸업 후 에콰도르 선교사로 헌신하여 1953년 10월 8일 에콰도르 쿠이토에서 결혼하여 퀴추아 인디언 사역을 하던 중, 1956년 1월 8일 인근 아우카 족에게 동료 선교사 5명과 함께 살해되었다. 그때의 나이가 29세였다. 이후 그의 아내가 그곳에서 선교사역을 지속하며, 그들을 주님 앞으로 인도했다. 이 글은 대학 재학시절 선교의 마음을 불태우며 19세의 엘리엇이 작성한 그가 쓴 일기의 한 대목이다.*

자신이 잃어버릴 수 없는 영원한 것을 얻기 위해 자신이 간직할 수 없는 유한한 것을 드리는 사람은 바보가 아니다.

1948년 9월에, 나는 신학수업을 이제 막 시작하는 외로운 젊은이에 불과했습니다. 나는 시카고의 대도시에 있는 내 기숙사 방에 앉은 채로, 앞으로 내가 겪을 힘든 시간 동안에 주님이 나에게 확신과 격려를 줄 한 구절을 달라고 엎드렸습니다. 그리고 주님은 그 기도에 응답해 주셨습니다. 주님은 나에게 내 평생의 구절로 시편의 말씀을 주셨습니다.

> 주께서 생명의 길을 내게 보이시리니
> 주의 앞에는 충만한 기쁨이 있고
> 주의 오른쪽에는 영원한 즐거움이 있나이다(시 16:11).

생명! 기쁨! 즐거움!

누가 이 고귀한 축복을 누릴 수 있겠습니까? 하나님의 길로 걸어가고, 하나님의 앞에서 살며, 하나님의 즐거움을 구하는 사람들입니다. 주님을 섬기는 사람들.

무슨 일이 일어나더라도, 예수님을 섬기는 기쁨을 잃지 마십시오!

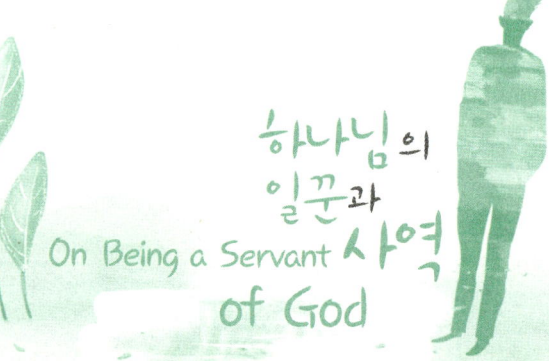

22. 성경과 사역

1951년 당시의 소련 정부당국에 의해 발간된 『외래어 사전』*Dictionary of Foreign Word*에서 성경을 이렇게 설명해 놓았습니다. "성경은 상호 모순되고, 서로 다른 시기에 기록되었고, 역사적 사건들의 오류들로 가득 채워진, 교회들에 의해 '거룩한' 책으로 출판된 난해한 전설들의 모음집." 우리는 이러한 정의에 동의하지 않습니다만 그 사전을 편찬했던 사람들은 적어도 성경이 말씀하는 내용을 부정해야 할 만큼 성경을 중요하게 여겼습니다.

우리가 어떤 사람들이든지 간에, 복음적인 그리스도인들은 "성경의 사람들"입니다. 우리는 성경이 가르치는 바를 항상 실천하지 못할 수도 있겠지요. 하지만 우리는 젖 먹던 힘까지 보태서라도 성경을 보호할 것입니다. 우리에게 성경은 성령님에 의해 영감 되었고, "하나님의 거룩한 사람들"[벧후 1:21]에 의해 기록된, "거룩한 경전"[딤후 3:15]입니다.

윌리엄 호튼[William H. Houghton] 박사[1]는 이렇게 말하곤 했습니다.

> 성경이 여러분을 붙잡을 때까지 성경을 붙잡으세요.

마틴 루터[Martin Luther][2]는 이보다 한발 더 나아가 다음과 같이 말했습니다.[3]

---

1 William Henry Houghton(1887-1947) 박사는 복음 전도자였으며, 무디 신학교의 4대 총장을 지냈다. 전기 작가 윌버 스미스는 그에 대해 "호튼은 두 가지 뛰어난 열정을 지녔는데, 첫 번째는 전도였으며, 두 번째는 하나님의 말씀연구였다"라고 평가했다. 사역의 초기부터 마지막까지 전도와 말씀연구에 평생을 바쳤다.*

2 Martin Luther(1483-1546)는 독일의 종교개혁자, 성경학자, 언어학자로 도미니쿠스 수도회의 면죄부 판매자 테첼에 반박하며 진리를 이끌어낼 목적으로 1517년 10월 31일 비텐베르크 교회 문 앞에 교회의 부패를 공박한 그의 95개 조항은 프로테스탄트 개혁을 촉진시켰다. 그의 사상과 저술에서 비롯된 운동은 종교개혁을 낳았으며, 사회, 경제, 정치, 사상에 커다란 영향을 끼쳤다.*

3 두 인용문 모두 Tony Castle이 쓴 *The New Book of Christian Quotations* (New York: Crossroad, 1984), p. 21에서 발췌함.

> 성경은 살아있어, 나에게 말합니다. 성경은 발이 있어, 나를 쫓아옵니다. 성경은 손이 있어, 나를 붙잡습니다.

주님이 여러분에게 부여해 준 사역이 무엇이든지 간에, 여러분은 하나님의 말씀과 동떨어진 채로는 성공할 수 없습니다. 그 이유에 대해 설명해 드리지요.

우선적으로, 하나님의 말씀은 말씀의 하나님을 계시하십니다. 그리고 만일 우리가 기꺼이 주님을 섬기길 원한다면 일꾼들은 주인을 알아야만 합니다. 우리는 비록 수많은 약속들이 성경에 있다 할지라도 '귀중한 약속들'에 밑줄만을 긋기 위해 성경을 읽지는 않습니다. 또한 우리는 비록 교리가 필수적이긴 하지만, '성경 교리'를 이해하기 위해 성경을 읽지도 않습니다. 우리는 하나님의 마음과 생각을 알기 위해 성경을 읽습니다. 우리가 하나님을 더 알면 알수록, 우리는 주님을 더 기쁘게 해드릴 수 있으며, 그분을 위해 더 섬길 수 있습니다.

"어떻게 내가 하나님의 뜻을 알 수 있습니까?"라는 질문에 대한 최선의 해답은 이것입니다. "하나님의 성품을 파악하십시오." 하나님은 결코 그분의 성품에 반해서 활동하지 않으시고, 그 성품은 성경 안에 계시되어 있습니다. 많은 그리스도인들은 생각하기를 하나님은 대부분의 사람들이 저지르는 죄에 대해 관용하시고, 하나님의 징계가 없다는 것은 그들의 불순종을 승인하셨음을 의미한다고 생각합니다. 그렇지 않습니다! 하나님은 경고하십니다. "네가 나를 너와 같은 줄로 생각하였도다 그러나 내가 너를 책망하여."시 50:21

너무 오랫동안, 나는 성경을 헌신적인 신앙의 안내자, 신학의 교재 그리고 설교의 원천으로만 바라보았습니다. 그것은 나와 하나님 사이의 살아 있는 연결은 아니었습니다. 내가 너무나 자주 불렀던 찬송을 가지고 기도하기 시작했을 때 얼마나 많은 변화가 나타났는지 모릅니다.

> 성스러운 지면을 뛰어 넘어
> 오직 주님만을 구하나이다
> 내 영혼은 당신을 갈망하오니
> 오, 살아있는 말씀이시여[4]

---

4 Mary A. Lathbury가 쓴 "Break Thou the Bread of Life."

"우상숭배의 본질은 하나님을 대수롭지 않게 여기는, 하나님에 관한 가벼운 사고들"이라고 토저$^{\text{A. W. Tozer}}$는 밝혔습니다.[5] 하지만 우리가 하나님에 대해 가치 있는 생각들을 하려 하고, 그 결과로서 하나님의 가치 안에서 살고, 섬기려 한다면, 우리는 그분의 말씀을 읽는 데 시간을 써야만 합니다. 우리는 예레미야의 태도를 배양할 필요가 있습니다. 그는 말합니다.

> 만군의 하나님 여호와시여
> 나는 주의 이름으로 일컬음을 받는 자라
> 내가 주의 말씀을 얻어 먹었사오니
> 주의 말씀은 내게 기쁨과 내 마음의 즐거움이오나(렘 15:16).

하나님의 말씀은 우리에게 하나님의 성품을 드러내 주고, 말씀이 역사하실 때 그 말씀은 또한 마음을 새롭게 바꾸어 하나님이 생각하기를 원하는 방식으로 우리가 생각하도록

---

5 A. W. Tozer, *The Knowledge of the Holy* (New York: Harper and Brothers, 1961), p. 11.

이끌어 주십니다. "너희는 이 세대를 본받지 말고 오직 마음을 새롭게 함으로 변화를 받아 하나님의 선하시고 기뻐하시고 온전하신 뜻이 무엇인지 분별하도록 하라."롬 12:2

사역 가운데에서 위험스러운 것 중의 하나는 우리가 세상이 사고하는 방식대로 사고하기 시작하고, 세상의 행동방식으로 행동하기 시작하는 것입니다.시 1:1-3 물론 이 세대의 아들들은 우리에게 무엇인가를 가르칠 수 있습니다.눅 16:8 하지만 그들의 지혜는 '자신들의 세대'에 제한될뿐더러 영원한 세계에 아무런 영향도 주지 못합니다.

> 이는 하늘이 땅보다 높음같이
> 내 길은 너희의 길보다 높으며
> 내 생각은 너희의 생각보다 높음이니라(사 55:9).

IBM 혹은 GM에서 유용했던 방법이 지역 교회에 있어서는 유용하지 않을 수 있습니다.

복음전도자 무디D. L. Moody는 "어떤 부류의 사람들은 너무 경건해서 그들에게는 이 세상에서 어떤 것도 바랄 만한 것이 없다"고 말하곤 했습니다. 그것은 로마서 12:2과 골로새서 3:1에서 말씀하고 있는 바는 아닙니다. '그리스도의 마음'을 지닌다는 것은 우리 주님의 관점으로 사물을 바라보는 것이며, 하늘의 관점으로 세상을 바라보는 것을 의미합니다. 그것은 보편적이지 않거나 심지어 불가능한 것을 위해서 준비하는 것을 의미합니다. 새롭게 하는 마음은 삶을 있는 그대로 바라보고, 하나님의 말씀을 거절하는 낙관주의적이고 눈 먼 의사의 오진에 속지 않습니다.

사역은 우리가 믿음으로 행하는 것입니다. 그러므로 "믿음은 들음에서 나며 들음은 그리스도의 말씀으로 말미암습니다."[롬 10:17] "너희 믿음대로 되리라"는 것은 여전히 하나님이 일하시는 방식입니다.[마 9:29] 그리고 우리 믿음의 측정은 우리가 하나님의 말씀에 얼마나 알차게 시간들을 투자했는가에 달려있습니다. 우리의 행동이 하나님이 말씀 하시는 바와 그분이 누구이신가에 근거하지 않는 한, 우리는 실패하고 있는 우리 자신을 보게 될 것입니다. 우리가 나름대로 생각했던 믿음은 정말로 감상적인 추정에 지나지 않습니다. 우리가 하나님을 신뢰하지 않았다면 우리는 하나님을 시험했던 것과 다름없습니다.

나는 건강한 기독교 단체의 이사 회의에서 어려운 예산 편성과 관련해 임원들과 논의했던 때를 회상해 봅니다. "저는 우리가 믿음으로 이 일을 당장 시작해야 한다고 생각합니다." 임원 중 한 사람이 확신에 찬 음성으로 말했습니다. 다른 임원이 조용히 대꾸했습니다. "누구의 믿음 말입니까?" 그 단순한 질문은 우리가 우리 자신의 믿음을 살펴보도록 이끌었을 뿐 아니라, 우리 모두를 기도 가운데 하나님께 초점을 맞추어서 그분의 인도하심을 구하도록 이끌어 주었습니다.

무디는 이렇게 말했습니다. "나는 내 성경책을 덮고서 믿음을 위해 기도해야 한다고 생각하곤 했습니다. 하지만 믿음을 얻기 위해서는 말씀을 연구해야 한다는 사실을 나는 알게 되었습니다."[6]

하나님이 자신을 드러내시는 것과 마음을 새롭게 하는 것 그리고 믿음을 증진시켜주는 것과 더불어서 하나님의 말씀은 생활을 정결케 합니다. "너희는 내가 일러준 말로 이미

---

6 Stanley and Patricia Gundry, *The Wit and Wisdom of D. L. Moody* (Chicago: Moody Press, 1974), p. 40.

깨끗하여졌으니."요 15:3 우리가 생각하는 바대로 우리 자신과 우리의 행동은 결정되기 마련이기 때문에 바울 사도가 "마음을 새롭게 함으로"라고 요구한 것은 그런 과정의 일부분입니다. 우리 주님은 우리가 고상해지길 바라십니다. 그래서 그분은 말씀으로 우리를 씻기시고, 온전케 하십니다. 엡 5:26-27 그분은 우리가 더욱 더 예수 그리스도를 닮아가기를 원하십니다.

하지만 하나님의 말씀은 정결케 하는 생수만이 아닙니다. 또한 우리 눈으로 더러운 것을 보도록 해 그것으로부터 멀어지게 만들어주는 비추는 빛도 됩니다. 시 119:105 깨끗함을 얻기 보다는 깨끗함을 유지하는 것이 더욱 힘이 듭니다. 잠언에서 말씀하고 있는 바가 이것입니다.

> 대저 명령은 등불이요
>
> 법은 빛이요
>
> 훈계의 책망은 곧 생명의 길이라(잠 6:23).

수년 동안, 나는 성령님께서 우리를 해로움과 부정함에서 멀어지게 하기 위해 하나님의 말씀을 사용하시는 그 방법에 대해 참으로 경탄해 왔습니다. 때때로 하나님은 우리를 인도해 주시기 위해 특별한 약속을 사용하셨습니다. 또 어떤 때에는 하나님이 우리를 인도하시기 위해 강한 경고를 사용하시기도 했습니다. 하지만 음침하고 시시때때로 위험천만한 길을 밝게 비추어준 것은 다름 아닌 하나님의 말씀이었습니다. 실제로 하나님의 말씀은 "혼과 영과 및 관절과 골수를 찔러 쪼개기까지 하시기"히 4:12 때문에 여러분과 나는 하나님 앞에서 그 어떤 것도 숨길 수가 없음을 분명히 말씀드립니다. 우리가 신실한 헌신과 순전한 순종으로 하나님의 말씀 앞에 선다면, 그 이전에는 결코 우리가 볼 수조차 없었던 속마음을 우리에게 보여주시고, 우리가 그분의 뜻을 따르지 않는다면 벌어질 일들에 관해 우리에게 경고해 주실 것입니다.

사탄은 주님의 일이 번영하는 것을 마냥 바라보기를 원치 않기 때문에 사역 가운데 있는 사람은 누구든지간에 전투가운데 있는 것입니다. 원수들이 가장 좋아하는 전술 중의 하나는 하나님의 말씀을 의심하게 만들고, 사람들의 믿음을 약화시키는 것입니다. "하나님이 참으로 그렇게 말씀하셨나…?"이 방법은 사탄의 일반적인 접근법입니다.창 3:1 사탄은 사람들이 하나님의 말씀에 일단 의문을 품기 시작하면, 다음단계는 하나님의 말씀을 부정하는 것임을 알고 있습니다. 그리고 그것은 사탄의 거짓말 중의 하나를 진리와 바꿔치기 하도록 사탄을 위해 길을 열어주는 것이 됩니다.

그렇다면 우리의 방어막은 무엇인가요? 우리는 "성령의 검 곧 하나님의 말씀"엡 6:17을 가져야만 합니다. 우리는 주님을 위해 원수들과 싸우며, 새로운 영토를 확보하는 약속의 땅에 서 있는 여호수아와 같습니다. 우리를 위한 승리의 비결은 여호수아를 위해 예비되었던 것과 동일합니다.

> 이 율법책을 네 입에서 떠나지 말게 하며 주야로 그것을 묵상하여 그 안에 기록된 대로 다 지켜 행하라 그리하면 네 길이 평탄하게 될 것이며 네가 형통하리라(수 1:8).

나는 여러분이 매일매일 시간을 들여서 체계적으로 하나님의 말씀을 읽으며 여러분이 여러분 자신을 훈련시키기를 제안 드립니다. 어느 누구도 바꿀 수 없는 이 '경건의 시간'을 최우선적으로 가지십시오. 내가 생각하기로 가장 좋은 시간은 아침입니다. 하지만 우리 모두가 사정이 다르기에, 어떤 사람에게 가장 좋은 시간이 다른 사람에게는 그렇지 않을 수도 있겠지요.

주님의 일꾼으로서 우리는 해결해야 할 문제들, 짜야 할 계획들, 도와야 할 사람들과 성취해야 할 결과들을 가지고 있습니다. 그리고 우리는 단순히 우리 자신들의 지혜와 힘만으로는 이 일을 감당할 수 없습니다. 하지만 하나님의 말씀이 주님을 위해 살도록, 주님을 위해 일하도록 우리를 구비시켜 줍니다. 딤후 3:17 나는 1901년 발간된 미국표준번역성경 American Standard Version 에서 누가복음 1:37을 번역한 것이 참 마음에 듭니다.

> 대저 하나님으로부터 온 말씀은 능력이 결핍될 수 없습니다. For no word from God shall be void of power.

하나님이 말씀하실 때, 그 말씀은 능력이 있습니다. 그리고 우리가 그 말씀대로 믿고, 그 말씀대로 행할 때 능력은 역사하기 시작합니다.

우리가 성경을 더 많이 알면 알수록, 우리는 하나님의 인격을, 하나님의 뜻을 그리고 하나님을 위해 어떻게 일해야 하는지를 더 잘 알 수 있게 되는 것입니다. 사역 가운데에서 수많은 그리스도인 지도자들과 친분을 쌓게 된 특권을 얻은 나의 경험과 그리스도인 일대기에 대한 나의 연구들 모두는 한결같이 하나님의 말씀과 더불어 살아가는 그리스도인들이 이 세상 가운데 그분의 역사하심을 이루기 위해 하나님께 사용되었다는 사실을 나에게 확신시켜주고 있습니다.

여러분이 섬기는 사역의 위치는 그다지 중요하지 않게 여겨질 수도 있습니다만, 그것은 무엇보다 중요합니다. 여러분이 바로 지금 그 일을 위해 적합한 사람이기에 하나님은 여러분을 그곳에 놓아두신 것입니다. 하나님은 당신의 영광을 위한 그 무언가를 이루시기 위해서 여러분을 통하여 일하시기를 원하실 뿐더러, 여러분이 "그리스도의 말씀이 여러분 속에 풍성히 모든 지혜 가운데 거하게" 된다면, 하나님은 그 무언가를 이루어 내실 것입니다.^{골 3:16} 사역 가운데 여러분이 처해진 위치가 얼마나 힘이 들고, 상황 가운데 얼마나 낙담이 되든지 간에, 베드로의 태도를 배운다면, 하나님은 여러분을 위해 놀라운 일을 행하실 것입니다.

> 선생님 우리들이 밤이 새도록 수고하였으되 잡은 것이 없지마는 말씀에 의지하여 내가 그물을 내리리이다(눅 5:5).

"그럼에도 불구하고"라는 그 순종적인 믿음이 성공과 실패의 엄청난 차이를 만들어 냅니다.
여러분은 이 진리를 믿으실 수 있습니다.

> 그 모든 좋은 약속이 하나도 이루어지지 아니함이 없도다 (왕상 8:56).

23. 복음과 사역

하나님은 누구를 찾고 계십니까?

에스겔 22:30에서 하나님은 "성을 쌓으며," "성 무너진 데를 막아서는" 사람들을 찾고 계시다고 말씀하고 있습니다. 하나님은 일꾼들을 찾고 계십니다. 일꾼들이 채워야 할 사역의 자리가 있으며 천사들이 우리의 역할을 대신해 줄 수 없습니다.

요한복음 4:23에서, 하늘 아버지는 "진정한 예배자들"을 찾고 계시다고 예수님은 말씀하셨습니다. 그리고 누가복음 13:7에서 하늘 아버지는 또한 열매를 거두길 원하신다고 예수님은 알려주십니다. 일꾼들과 열매가 조화를 만들어 내듯이 하나님과 더불어 가까이 지내는 사람들은 그분의 영광을 위해 열매를 맺습니다. "나를 떠나서는 너희가 아무 것도 할 수 없음이라."요 15:5

하지만 내가 집중해서 보길 원하는 말씀은 다음 말씀입니다.

> 인자가 온 것은 잃어버린 자를 찾아 구원하려 함이니라(눅 19:10).

하나님은 예배자들과 일꾼들을 찾으시고, 열매 맺는 사람들을 찾으십니다. 그 이유는 하나님이 잃어버린 사람들을 찾기를 바라시기 때문입니다.

사역의 목적이 하나님께 영광을 돌리는 것이기는 하지만 그 사역의 목표 중의 하나는 잃어버린 사람들을 찾는 것이며, 그들이 예수 그리스도를 믿는 믿음을 가지도록 하는 것입니다. 무엇보다, 죄인들이 구원받는 것이 "하나님을 영화롭게 하는 영광"엡 1:6, 12, 14이 됩니다. 하나님이 단 두 명의 죄인들(아담과 하와-역주)과 지상에 계실 때에도, 하나님 아버지는 그들을 찾으시고 부르시기 위해 당신이 안식하시던 그날의 쉼을 중단하셨습니다.^{창 3:8-9} 성자 하나님은 잃어버린 사람들을 찾으시고, 죽으시기 위해 하늘 보좌로부터 오셨습니다. 성령님은 이 악한 세상 가운데 근 20세기 동안이나 잃어버린 사람들을 찾아 그들을 얻도록 교회를 돕고 계십니다. 잃어버린 죄인들에게 전도하는 것이 하나님께 그렇게 중요하다면, 그 일은 우리에게도 중요한 일이 되어야만 합니다.

우리가 잃어버린 영혼들을 위한 우리의 부담을 상실할 때, 우리 사역으로부터 중요한 무언가가 사라지게 됩니다. 점차적으로 우리는 우리에게 맡겨진 업무를 잘 해내고 아무런 문제도 일으키지 않는 전문적인 그리스도인 일꾼이 되겠지만, 결코 사람들의 삶 속에 복음의 기적이 일어나는 것을 바라보는 축복을 가질 수는 없습니다. 우리는 사역의 기쁨을 상실한 채, 우리 주님의 비유에 등장하는 첫째 아들처럼 되어버려서, 결국 잃어버린 영혼이 집으로 돌아오는 것도 모른 채 들판에서만 바쁘게 일하고 있는 사람이 됩니다.^{눅 15:25-32} 누가복음 15장을 주의 깊게 읽어보시면 여러분은 15장에서 가장 행복한 이들은 잃어버린 것을 찾고, 발견하는 사람들임을 발견하게 될 것입니다. 여러분은 "괜찮아요, 내 사역은 잃어버린 영혼들과 직접 만날 수 없는 분야에 있어요. 나는 무대 뒤에서 일하는 일꾼중의 한 명이지요" 이렇게 스스로에게 말하실 수도 있겠지요. 그것이 차이를 만들어 내지는 않지요. 하나님이 허락하시고 위임해 주신 모든 사역은 영혼의 추수를 위한 한 방편입니다. 누군가는 밭을 갈고, 누군가는 씨를 뿌리고, 누군가는 물을 줍니다. 그리고 누군가는 거둡니다. 하지만 하나님이 자라게 하십니다. 고전 3:1-9 여러분이 주방에서 저녁을 만들거나, 유아실을 청소하거나, 주보를 접든지 또는 교회의 잔디밭에 떨어진 나뭇잎을 긁어모으든지 간에 복음으로 잃어버린 사람들에게 다가갈 수 있도록 여러분이 사역하는 분야를 사용하게 해달라고 기도하십시오. 만일 여러분이 영혼들을 위해 부담을 느끼고 성령님의 인도하심에 민감하다면, 하나님이 다른 사람들을 구원하기 위해 어떻게 여러분을 사용하실 수 있는지를 보며 감탄하게 될 것입니다. 그리고 만일 여러분의 사역이 영혼들을 접촉하기 힘든 분야의 사역이라 할지라도, 그리스도를 위한 여러분의 증언은 긍휼의 마음을 가지고 듣고 볼 수 있어야만 합니다.

내가 목회 사역을 할 때, 잃어버린 사람들에게 관심을 가진 교회 일꾼들로 인해 나는 하나님께 감사했습니다. 그들은 자신들이 불행하고 강퍅한 사람(첫째 아들 같은)들과 다수의 사람들에게 문젯거리를 야기시키는 사람이 되는 것을 막는 기쁨과 흥분을 자신들의 사역 가운데 가지고 있었습니다.

앞서 21장에서 나는 캐나다 토론토에 있는 The People's Church의 개척자이자 많은 복음송의 작사가요, 국제적으로 명망 있는 선교사 단체의 임원인 오스왈드 스미스 목사에 대해 언급했습니다. 스미스 박사는 선교 컨퍼런스에서 강연할 때 "가장 멀리 비추는 빛은 가까운 곳에서 가장 밝은 빛을 낼 것입니다"라고 말씀하시며 종종 우리를 깨우쳐 주셨습니다. 그 비유를 사용하면서, 너무 많은 교회들이 가까운 곳에서의 전도 사역은 하지도 않고 엄청난 예산을 외국선교에만 배정함으로써 어찌하든 인근의 부족한 전도를 그렇게라도 보상받으려고 하는, 다시 말해 전도사역을 오히려 가로막고 있는 심각한 오해들을 바로잡기 위해 스미스 박사는 상당한 노력을 기울였습니다.

우리 교회들이 선교사님께 헌금하는 것은 우리 모두가 하나님께 감사할 제목입니다! 우리가 살지 않는 곳에서 사람들을 그리스도께 인도하는 일은 좋은 일입니다. 하지만 그 일이 우리가 사는 곳에서 사람들을 그리스도께 인도하는 일을 대신해 주는 것은 아닙니다! 스미스 박사의 말씀은 이 두 가지가 정말로 조화를 이루어 함께 이루어져야 한다는 것을 분명히 보여줍니다. 그럼에도 불구하고 빛을 비추는 것은 가까운 곳에서 먼저 시작됩니다.

만일 여러분이 서 있는 자리에서 잃어버린 영혼에게 다가가기 위한 부담을 가진다면, 여러분은 지구상에 있는 모든 잃어버린 영혼에게 다가가기 위한 부담을 가지게 될 것입니다. 저명한 신학자 한 사람이, "불은 타기 위해 존재하는 것처럼 교회는 선교를 위해 존재한다"고 말했습니다. 이 비유는 유익할뿐더러 스미스 박사의 비유와 동일한 방향입니다. 하나님이 여러분을 부르셔서 맡긴 임무가 무엇이든지 간에 만일 여러분이 진정으로 주님을 섬긴다면 여러분의 사역이 온 세상에 영향을 미친다는 사실을 항상 명심하십시오. 여러분은 하나님이 여러분의 사역을 어떻게 사용하고 계신지 보지 못할 수도 있지만, 그것은 중요치 않습니다. 여러분은 하나님의 포도밭에 놓인 여러분의 위치가 너무 적다고 생각하실 수도 있지만, 그건 그렇지 않습니다.

  그리스도를 위해 전 세계를 복음화 시키는 비전-이 큰 그림을 마음 가운데 늘 지니십시오. 그러면 여러분의 가정 사역이 더 풍성해질 것입니다. 우리가 아는 한, 여러분이 하는 일의 중요도는 언론 인터뷰나 언론의 보도로 측정되는 것이 아닙니다. 우리가 아는 한, 베다니에 있었던 단지 15명의 사람들만이 마리아가 예수님의 발에 향유를 부으며 예배드리는 행동을 보았으며 그들 중의 열두 제자들은 그녀의 행위를 비난했지만, 예수님은 마리아가 하는 행동이 온 세상에 전파될 것이라고 말씀하셨습니다!막 14:3-9, 요 12:1-8

  천국에 갔을 때 맛보게 될 특별한 기쁨 중의 하나는, 우리가 그것에 대해 전혀 아는 바가 없지만, 우리의 증거와 사역으로 인해, 우리가 결코 이전에 만나본 적도 없는 그리스도께 인도된 사람들을 만나는 것입니다. 또 다른 특별한 기쁨은 우리 주님의 초청을 듣는 것일 겁니다.

    그 때에 임금이 그 오른편에 있는 자들에게 이르시되 내 아버지께 복 받을 자들이여 나아와 창세로부터 너희를 위하여 예비된 나라를 상속받으라 내가 주릴 때에 너희가 먹을 것을 주었고 목마를 때에 마시게 하였고 나그네 되었을 때에 영접하였고 헐벗었을 때에 옷을 입혔고 병들었을 때에 돌보았고 옥에 갇혔을 때에 와서 보았느니라(마 25:34-36).

비유 속의 사람들처럼, 우리는 놀랄 것이고 주님께 물어볼 것입니다. "주님 언제 우리가 그같이 행하였습니까?" 주님이 답하실 것입니다.

너희가 여기 내 형제 중에 지극히 작은 자 하나에게 한 것이 곧 내게 한 것이니라(마 25:40).

그것이 바로 우리의 모든 사역을 가치 있게 만들어줄 것입니다!

24. 신실한 사역

저명한 미국의 정신과 의사인 칼 메닝거 Karl Menninger 박사[1]는 신실함에 대해 이렇게 설명했습니다.

> 신실함이란 내가 당신과 같은 존재이거나, 또는 당신이 말한 모든 것에 내가 동의한다거나 당신이 언제나 옳다고 내가 믿고 있다는 것을 의미하지는 않습니다. 신실함은 당신이 가진 공통의 목표를 나도 공유

---

[1] Karl Menninger(1893-1990) 박사는 캔자스 주 출생으로 정신의학의 치료방법을 개척한 의사 집안에서 태어나 하버드 대학을 졸업하고 보스턴 정신병원에서 근무한 후 1925년 캔자스 주의 코퍼커에서 아버지, 동생과 함께 메닝거 치료소를 세웠으며, 1926년 정신지체 아동을 위해 사우트하드학교를 세웠다. 1941년 메닝거 재단, 1945년 메닝거 정신과학교를 세웠으며, 저서로는 『인간의 마음』 등이 있다.*

하고 있다는 것이며, 작은 차이점들에 관계없이 어깨와 어깨를 맞대고 상호간의 좋은 믿음과 신뢰와 충실과 호의에 확신을 가지고 그 목표를 두고 함께 싸워가는 것을 의미합니다.[2]

영어 단어 loyal^{신실}은 '선택하다', '가려내다'는 뜻을 가진 라틴어 레게르^{legere}라는 동사에서 유래했습니다. 또한 이 라틴어에서 파생한 단어들은 근면한,^{diligent} 적격인,^{eligible} 충성^{allegiance}이 있으며, 이것들은 모두 우리가 섬기는 사역 가운데 기억하면 좋은 단어들입니다.

바울 사도가 빌립보서 2:1-4을 썼을 때, 그 마음 가운데 겸손과 신실함을 가지고 있었으리라 나는 짐작해 봅니다. 여러분이 이 영감된 말씀을 읽으면서, 내가 사용한 '신실함'의 메시지를 발견할 수 있는지 보십시오:

> 그러므로 그리스도 안에 무슨 권면이나 사랑의 무슨 위로나 성령의 무슨 교제나 긍휼이나 자비가 있거든, 마음을 같이하여 같은 사랑을 가지고 뜻을 합하며 한마음을 품어,

---

2 Tony Castle, *The New Book of Christian Quotations* (New York: Crossroad, 1984), p. 153.

아무 일에든지 다툼이나 허영으로 하지 말고 오직 겸손한 마음으로 각각 자기보다 남을 낫게 여기고, 각각 자기 일을 돌볼뿐더러 또한 각각 다른 사람들의 일을 돌보아 나의 기쁨을 충만하게 하라(빌2:1-4).

빌립보에 있는 교회에도 '성도들 사이에 문제들'이 있었습니다.^{빌 4:2-3} 그래서 바울은 빌립보 교회의 성도들에게 유오디아^{Euodia}와 순두게^{Syntyche}와 함께 했던 우정을 뛰어 넘어서, 주님에 대한 그들의 신실함을 기억할 것을 촉구했습니다. 교회 안에서 성도들 간에 흔쾌히 서로 동의하지 못할 때 만일 모든 성도들이 바울의 이 권면에 순종할 수 있다면, 교회 안에서의 분열이나 갈라짐도 현저하게 줄었을 것입니다.

사역 가운데에 어떤 문제를 두고 이견이 있을 때에, 나뉘진 양쪽은 대개 각각 자신들이 주님에 대해 신실하다고 주장합니다. 그리고 한쪽은 다른 쪽을 향해 배교자들이라고 비난합니다. 그리스도에 대한 우리의 신실함을 확증하는 것은 물론 좋은 일이긴 합니다. 우리가 주님에 대해 신실함을 발휘하는 것이 다른 상대방에 대해서도 신실함을 가지는 것 또한 의미하고 있다는 점을 기억하는 한에서 말입니다. 만일 우리가 정말로 주님에게 진실하다면, 우리가 다른 사람들을 대하는 방식에서도, 특히 우리에게 동의하지 않는 사람들에게 더욱 주님과 같이 되어야 할 것입니다. 그것이 바로 바울 사도가 빌립보서 2장에 쓴 내용입니다. "사람보다 하나님께 순종하는 것이 마땅하니라."^{행 5:29} 이것은 올바른 성경적 원리입니다. 하지만 분명히 해야 할 것은 예수님이 아버지께 순종하듯이 우리도 하나님께 순종해야만 한다는 것입니다. "나는 항상 그가 기뻐하시는 일을 행하므로."^{요 8:29}

신실함을 실천한다는 것은 무엇보다도 바른 관점을 유지하는 것을 의미합니다. 많은 의견 차이와 분열은 우리가 작은 차이에 집중 하게 되어, 큰 그림을 잊어버릴 때 나타납니다. 내 생각에 대부분의 그리스도인들은 사역의 목표에는 동의한다고 보여집니다. 하지만 때로 이 목표에 도달하기 위한 방법에서는 동의하지 않습니다. 사역 가운데 문제들을 야기시키는 것들은 우리가 따라야 할 교회의 목적들이나 성경적 원리들 때문이 아닙니다. 문제는 이 목적들을 달성하기 위해 그리고 이 원리들을 이행하기 위해 사용되는 절차들 가운데 발생됩니다. 우리는 주님이 우리에게 말씀하신 지상명령은 타협할 수 없지만, 우리가 주님을 섬기길 바라는 방법으로서 프로그램의 요소에 대해서는 얼마든지 조정할 수 있습니다. 우리는 항상 우리가 하고 싶은 대로 할 수는 없습니다. 우리가 가진 다소간의 권리도 기꺼이 포기하려는 그 마음이 기계에 뿌려진 윤활유와 같이 마음을 부드럽게 만들 것입니다.

나는 모든 운영회의의 개회에 앞서서 자신들의 '사역의 목적'을 선언하던 한 기독교 단체를 알고 있습니다. 그런 다음에는 담당자들이 모든 행사와 계획들이 그들의 사역 목적에 제대로 부합되는지 확인하기 위해 안건을 찬찬히 살펴봅니다. 만일 회의 도중 논의가 옆길로 빠지게 되면, 누군가 이렇게 말할 것입니다. "집중합시다!" 그러면 참석한 담당자들은 모두 원래의 논의로 다시 돌아가게 됩니다.

신실함의 또 다른 핵심요소는 다른 사람들의 관심에 대해 배려해 주는 것입니다. 만일 내가 가진 한 뼘도 안 되는 조그만 땅덩어리만을 보호하고 발전시키려 한다면 나는 문제를 야기하는 사람이 되고 맙니다. 나는 토마스 머튼_{Thomas Merton}의 명언으로 돌아가고 싶습니다.

> 모든 사람들, 사건들 그리고 상황들을 오직 자신에게 끼칠 결과만으로 판단하는 것은 지옥의 문턱에서 사는 것과 같다.

우리 주님이 죽임 당하시기 전날 밤 다락방에서 식사하실 때에 열두 명의 사도들은 누가 가장 큰 자인지를 두고 논쟁을 벌였습니다! 자신들의 주님이 고통과 죽음에 직면해야 했던 그 시간에 그들은 인정받는 것에 대한 갈망으로 가득 차 있었다는 것은 참으로 어처구니 없는 일입니다. 거룩한 장소들과 거룩한 상황들도 이기심과 교만함에 대항해서는 그 어떠한 자구책도 만들어 내지 못합니다. 사탄은 비록 출석을 부를 때에는 결코 대답하지는 않지만, 다락방에도 있었고, 운영회의나 위원회 모임에 출석하는 것으로도 유명합니다.

신실함은 겸손을 요구합니다. 감언이설로 유인하는 위선

자들의 거짓된 겸손이 아닌 "내가 도와줄 일이 무엇인가요?"라고 말하는 일꾼의 진실한 겸손 말입니다. 하나님은 교만을 싫어하실 뿐 아니라 잠 6:16-17 교만을 대적하십니다. 약 4:6, 벧전 5:5 하지만 우리가 겸손히 행할 때, 하나님은 당신의 은혜를 부어주십니다. 그리고 그것이 얼마나 큰 차이를 만들어내는지요!

신실함은 눈멀지 않습니다. 헌신은 부족한 분별력이 되어서는 안 됩니다. 눈먼 신실함은 일단의 일꾼들에게 그들이 다른 어떤 것도 분열시킬 수 있기 때문에 자신들이 어떤 사역을 세워간다고 착각하게 만드는 위험스러운 '폭도들의 정신상태'를 갖도록 조종합니다. 그것이 바로 사무엘 존슨Samuel Johnson 3이 애국심을 '악당들의 마지막 피난처'라고 규정했던 이유이기도 합니다. 계략을 꾸미는 정치가들은 때로 애국심 뒤에 숨곤 합니다. 교만한 그리스도인들도 때로는 십자가 뒤에 숨고는 자신들과 달리하는 것은 주님 그분을 거스르는

---

3 Samuel Johnson(1709-1784)은 시인, 작가, 비평가, 전기 작가로 영국 문학에 영향력을 끼쳤으며, 1774년에 오용된 애국심을 비판한 저서 *The Patriot*를 출간하였다.

것이라는 생각으로 여러분을 조종합니다.

주님과 주님의 사람들에 대한 신실함은 우리 모두를 규격화시키고, 쏟아내어 버리는 혼합기계로 묘사되어있지 않습니다. 그것은 우리의 적들이 어디에 있는지, 우리의 지휘관은 누구인지를 알고, 이심전심으로, 어깨와 어깨를 맞붙여서 승리라는 한 가지 목적을 위해 자세를 취하고 서 있는 군대와 더욱 유사합니다. 바울 사도는 그것을 "복음의 신앙을 위하여 함께 협력하는 것"빌 1:27이라 불렀습니다. 진정한 신실함은 여러분 각자의 개성을 무너뜨리지 않습니다. 여러분은 여러분 자신보다 더 큰 그 무엇을 이루는 한 부분이기에 신실함은 더 고귀한 목적을 향해 헌신하는 것이며, 더 나은 사람으로 여러분을 만들어 줍니다.

"신실함은 여러분을 조직체의 한 구성원으로 이끌며 더불어 그 조직체가 여러분의 일부분이 되도록 만듭니다." 나는 누가 처음으로 이 말을 사용했는지는 모르겠지만, 그 경구에는 상당한 통찰력이 있습니다. 만일 여러분이 저 인용문의 앞 문장에서 그만 멈추었다면, 여러분은 로봇이 될 것입니다. 그래서 얼마나 대단하고 위엄 있는 조직이든지 간에 그 조직은 여러분을 착취할 것입니다. 하지만 만일 그 조직체와 사역이 여러분 자신의 일부가 되게 한다면, 그것은 삶 가운데 여러분의 심장을 고동치게 만드는 그 무언가가 되어서 여러분을 도전케 만들고 조화 가운데 위치하도록 만들 것입니다. 더 이상 사역이 여러분의 한 부분이 아니라고 여겨진다면, 아마도 여러분이 그 사역을 내려놓아야 할 때일 것입니다.

다윗 왕이 자신의 아들 솔로몬에게 조언해 준 이 말은 오늘날 우리에게도 시사하는 바가 큽니다.

> 네 아버지의 하나님을 알고 온전한 마음과 기쁜 뜻으로 섬길지어다 여호와께서는 모든 마음을 감찰하사 모든 의도를 아시나니(대상 28:9).

주님은 우리에게 신실하십니다. 주님은 우리가 그분 뿐 아니라 다른 사람들 모두에게도 신실할 것이라 기대하실 만한 모든 권리를 가지신 분이십니다.

하나님의 일꾼과 사역
On Being a Servant of God

25. 고통과 영광의 사역

여러분은 아마도 사역의 최정상에서 깊은 실망과 낙담의 골짜기들이 종종 함께 수반되는 고통스러운 경험을 했을 수도 있습니다. 우리가 도와주려고 하는, 성공할 수밖에 없다고 생각했던 사람들의 실패는 대다수의 지도자들에게 상처를 안겨줍니다. 아브라함은 롯의 몰락으로 인해 분명히 슬픔에 잠겼을 것입니다. 이삭과 리브가는 에서의 행동으로 인해 깊은 근심에 빠졌으며, 바울 사도는 고린도 교회에 있는 사람들로 인해 빚어진 문제로 슬퍼했습니다. 심지어 우리 주님도 제자들에게 이렇게 말하기도 했습니다, "내가 얼마나 너희와 함께 있으며 너희에게 참으리요."눅 9:41 여기에서 '참다'라고 번역된 이 단어는 한마디로 '견디어 내다'라는 뜻을 가지고 있지요.

필립스 브룩스^{Phillips Brooks}는 다음과 같이 말했습니다.

> 사람들에게 진정한 사역자가 되기 위해서는 새로운 행복들과 새로운 슬픔들을 항상 받아들여야 합니다. 여러분의 사역이 더 심오해지고 더 영적이 되면 될수록 이 두 가지가 더욱 깊어지고 더욱 자주 출현하여, 분리할 수 없는 연합을 이루게 될 것입니다. 다른 사람들에게 자기 자신을 내어주는 사람은 결단코 완전히 불행한 사람이 될 수는 없습니다. 하지만 그는 구름 한 점 없는 쾌청한 기쁨의 사람도 더 이상 될 수는 없습니다.[1]

나는 여러분이 한 번 더 천천히 이 인용문을 읽으며, 이 메시지에 젖어들기를 제안합니다. 다음번에 롯 또는 에서 아니면 심지어 가룟 유다가 여러분의 마음에 상처를 준다면 그리고 주님을 섬기기 위해 이 일이 전적으로 가치 있는 일인지 의심이 든다면, 필립스 브룩스가 말한 것을 기억하십시오.

---

1 Phillips Brooks, *The Influence of Jesus* (London: H. R. Allenson, n.d.), p. 191.

사역은 더 할 수 없는 깊이의 슬픔이며, 더 할 수 없는 높이의 기쁨입니다. 그리고 이들은 종종 함께 등장하곤 합니다.

모세보다 이 사실을 더 잘 아는 사람은 아무도 없었겠지요. 자신이 이집트에서 이스라엘 백성들을 인도해 나오자마자, 사람들로부터 목말라 죽겠다는 불평과 그 후에는 배고파 죽겠다는 불평을 듣기 시작했습니다. 주님이 쓴 물을 달게 만드셨습니다. 주님은 하늘로부터 내려온 천사들의 빵인 만나를 사람들에게 주기도 하셨고, 또한 반석에서 물을 내기도 하셨습니다. 하지만 모세가 하나님과 더불어 상당 기간을 산 정상에서 머무르자, 백성들은 조급해져서 아론에게 자신들의 새로운 지도자가 되어서 새로운 신을 만들어 낼 것을 요구했습니다. 그 결과는 수치스러운 금송아지 상과 함께 이루어진 음행의 축제였습니다.^{출 32장}

모세가 산에서 내려오며 백성들의 죄를 처리할 그 때에 모세는 담대한 지도력을 행사했습니다. 하지만 그 후 그는 자신의 실망감과 실패의 감정도 처리해야만 했습니다. 그가 했던 일이 무엇입니까? 그는 자신이 맡은 자리로 즉시 돌아왔고, 하나님의 임재 앞에서, 자신의 마음에 상처를 준 바로 그 사람들을 위해 중보했습니다!

하나님은 모세에게 두 가지 제안을 하셨습니다. 하나님이 우상을 숭배하는 이스라엘 백성들을 진멸하실 것이라는 것과, 모세로부터 시작하는 완전히 새로운 민족을 만드시겠다는 것이었습니다. 하지만 모세는 그 자신의 출세를 위하여 다른 누군가의 실패를 사용하지 않았습니다. 그는 두 가지 제안을 다 거절하며, 하나님께 하나님의 백성들을 용서해 줄 것과 한 번 더 기회를 달라고 간구했습니다. 모세의 마음에는 교만함도 없었고, 복수심에 사로잡히지도 않았습니다. 대신에 하나님은 겸손과 용서를 모세의 마음 안에서 보셨습니다.

모세가 그의 백성들이 한 행동으로 인해 낙담되었을 때, 그는 하나님과 더불어 교제하며 "원하건대 주의 영광을 내게 보이소서"출 33:18라고 기도했습니다. 우리가 또는 우리의 사람들이 얼마나 많이 실패하든지 간에, 정말 중요한 한 가지 사실은 하나님의 영광입니다. 이스라엘의 죄악은 모세 자신에게는 영화롭게 될 수 있는 기회가 되기도 됐었겠지만, 그는 그렇게 행동하기를 거절했습니다. 한 주석학자는

"진정한 영광과 거룩한 환희는 사람이 하나님을 영화롭게 하는 것이지 자신을 영화롭게 하는 것이 아니다. 그분의 이름을 기뻐하는 것이지, 그 자신의 덕을 내세우는 것이 아니며, 그분의 뜻이 아니라면 어떤 피조물에서도 기쁨을 취해서는 안된다"라고 논평했습니다.[2]

그러니 다음번에 사람들이 여러분을 실망시키고 여러분이 실패한 것처럼 느껴질 때, 산 정상으로 가서 하나님께 하나님의 영광을 보여주시길 구하십시오. 여러분 자신이나 여러분이 섬기는 사람들에게 집중하지 마십시오. 하나님과 그분의 영광에 집중하십시오. 그러면 오래지 않아, 여러분은 하나님이 여러분에게 바라시는 관점을 갖게 될 것이고, 그분이 바라시는 일을 감당할 준비가 되어있을 것입니다.

몇 세기 이후에, 또 다른 하나님의 일꾼이 낙심에 빠져 동일한 산에 올랐습니다. 이유는 이스라엘 민족이 자신을 실망시켰기 때문이었습니다. 그는 바로 조금 전까지 갈멜 산

---

[2] Thomas a Kempis, *Of the Imitation of Christ* (London: Oxford University Press, 1949), p. 183.

에서 위대한 승리를 했지만, 이제는 사직서를 제출하려고 마음먹은 엘리야 선지자였습니다. ^{왕상 19:4, 10} "이제 그만하면 됐습니다!" 그는 하나님께 불평했습니다. "지금 내 생명을 거두시옵소서. 나는 내 조상들보다 낫지 못하니이다!…내가 만군의 하나님 여호와께 열심이 유별하오니…오직 나만 남았나이다."

얼마나 대조가 됩니까! 모세는 자신의 사람들이 자신을 떠나 우상숭배로 타락함으로 인해 그의 마음은 비탄에 잠기었습니다. 그리고 엘리야는 자신이 우상숭배를 제압했을 때에 자신의 사람들이 자신의 편으로 모이지 않음으로 인해 낙심에 빠졌습니다! 하지만 모세와 엘리야는 자신들의 상한 감정을 다른 방식으로 처리했습니다. 모세는 하나님의 영광을 계속 보았고 그 영광을 주시해 왔기에, 되돌아가 그의 사람들을 섬기는 데 필요한 격려를 발견했습니다. 이에 반해 엘리야는 오직 그 자신만 바라보고 자신의 실패만 생각했습니다. 그래서 자신을 바라보며 자신에 대해 말하면 할수록, 그는 더욱 더 포기하고 싶은 감정만을 갖게 되었습니다. 만일 우리가 산 위에서 하나님의 영광을 바라보지 못한다면, 우리는 골짜기에 드리워져 있는 낙심과 부딪쳐 결코 담대하게 맞설 수가 없습니다.

모세와 엘리야가 변화산 위에서 만났다는 사실은 참으로 흥미롭습니다.^{마 17:1-8} 자신들의 삶에서 경험했던 실망감들은 죽음 이후에 보상 받았습니다. 모세는 마침내 약속의 땅에 발을 들이게 되었고, 엘리야는 마침내 산 위에서 하나님의 영광을 보게 되었습니다. 그것은 하늘로부터 내려온 불이 아니라 하늘로부터 내려온 영광이며, 하나님이 매우 기뻐하심을 그들에게 확증해 보이시는 음성이었습니다. 그들 모두는 예수 그리스도의 영광을 바라보았고, "장차 예수께서 예루살렘에서 별세하실 것"^{눅 9:31}에 대한 떨리는 전율 속으로 함께 들어갔습니다. 모세와 엘리야가 완성하지 못한 일을, 예수 그리스도께서 완성하시려는 것입니다. 그렇지만 이 두 사람은 예수님의 승리를 위한 길을 준비하는 데 함께 기여한 사람들이 되었습니다.

하나님의 섭리 안에서 고통과 영광은 함께합니다. 하나님이 하나로 묶은 것을 여러분과 내가 나누지 않는 편이 훨씬 좋을 것입니다.

하나님의
일꾼과
On Being a Servant 사역
of God

26. 심판대와 사역

윈스턴 처칠^{Winston Churchill} 경은 뉴욕의 한 언론 컨퍼런스에서 이렇게 말했습니다.

> 나는 나의 창조주를 만날 준비가 되어있습니다. 나의 창조주가 나를 만날 엄청난 시련에 준비가 되었는지 안 되었는지는, 그것은 나와 별개의 문제입니다.[1]

내가 이 기사를 처음 읽었을 때에는 웃음이 나왔습니다. 아마 여러분도 그랬을 것입니다. 하지만 내가 처칠의 말을

---

1 *New York Times* (Supplement), Jan. 25, 1965, p. 1.

차분히 숙고해 보는 동안, 나는 곧 차분해졌습니다. 왜냐하면 나의 창조주를 내가 만날 때, 나는 더 이상 웃을 수 없는 상황이 전개 될 것이기 때문입니다.

> 이는 우리가 다 반드시 그리스도의 심판대 앞에 나타나게 되어 각각 선악간에 그 몸으로 행한 것을 따라 받으려 함이라 우리는 주의 두려우심을 알므로 사람들을 권면하거니와 우리가 하나님 앞에 알리어졌으니 또 너희의 양심에도 알리어지기를 바라노라(고후 5:10-11).

시편 2:11은 다음과 같이 권고하고 있습니다.

> 여호와를 경외함으로 섬기고 떨며 즐거워할지어다.

두려움과 떨림이 즐거움에 연결되어 있다는 것과 아울러 이 세 가지 모두가 주님을 섬기는 데 있어 한 부분이 된다는 것이 얼마나 특별한 일입니까! "여호와를 기쁨으로 섬기며" 시 100:2 동시에 "오직 그를 경외하며 너희의 마음을 다하여 진실히 섬기라"^(삼상 12:24)는 것이 가능한 일이겠습니까? 네, 물론 가능합니다. 사실, 기쁨이 경건한 두려움과 더불어 조화되지 않는다면, 그리스도의 심판대 위에서 불로 나타날 때 다 타버려 상당한 양으로 남아 있지 않을 수도 있습니다.^(고전 3:13)

주님을 향한 기쁨은 주님과 함께하는 우리들과의 관계 가운데서 우선적으로 자라납니다. 그 반면에 주님을 향한 두려움은 주님에 대한 우리의 책임과 함께 자라납니다. 기쁨과 두려움은 원수지간도 경쟁상대도 아닙니다. 그들은 친구이자 동맹자입니다. 존 헨리 뉴만^(John Henry Newman) [2]은 이렇게 말했습니다.

> 천국에서는 사랑이 두려움을 흡수할 것입니다. 하지만 이 세상에서는 두려움과 사랑이 함께 해야만 합니다.

---

[2] John Henry Newman(1801-1890)은 영국국교회 사제로 당시 왕권에 종속돼 있던 영국국교회의 자유를 되찾고, 사도성을 회복하기 위해 초대 교회의 정신으로 돌아가자고 주장하는 '옥스퍼드 운동'을 주도했다. 긴 사상의 편력 끝에 1845년 가톨릭으로 개종한 뉴먼은 이후 가톨릭에서 사제품을 받고 교의적 신앙과 교도권을 변호하는 데 헌신하다 만년에 교황 레오 13세에 의해 추기경에 서임되었다. 그가 회심에 이르기까지 걸어온 여정을 서술한 저서 『그의 삶을 위한 변론』(*Apologia pro vita sua*)은 성 어거스틴의 『고백록』 이후 가장 뛰어난 영적 자서전으로도 평가받고 있다.*

그는 이후 같은 설교에서, 이렇게 덧붙였습니다.³

> 하나님의 사랑으로 인해 두려움은 감소되고, 하나님을 향한 두려움으로 인해 우리의 사랑은 진지해 집니다.

기쁨이 빠진 그 모든 책임감은 기독교 사역을 부담감 속으로만 밀어 넣어, 힘든 고역으로 전락시킬 것입니다. 하지만 경건한 두려움이 빠진 모든 기쁨은 일꾼을 깊이 없게 만들고, 미성숙하게 이끌 것입니다. 예수님은 우리를 친구이자 종으로 불렀습니다.^{요 15:14-15} 우리는 친밀한 교제를 즐기면서 더불어 책임을 다해야 합니다. 그리고 우리는 이 둘을 조화롭게 유지해야 합니다.

내가 이해한 바로는, 그리스도의 심판대는 우리가 하는 사역의 질과 관련되어 있습니다. 또한 우리의 사역이 주님께 영광을 돌려 드림으로 인해 그 사역이 계속 지속될 것인지 아닌지와 관련되어 있습니다.^{고전 3:10-17} 만일 우리가 교회

---

3 John Henry Newman, *Parochial and Plain Sermons* (London: Rivingtons, 1887), 1:303-4.

를 세우는 가운데 이 세상의 지혜를 이용해 왔다면, 모든 것은 불타 없어질 것입니다.^{고전 3:18-23} 하지만 우리가 하나님을 두려워함 속에서 금, 은이나 보석과 같은 하나님의 지혜를 사용해 왔다면 하나님을 위해 우리가 행한 일들은 영원토록 남을 것입니다.

그리스도의 심판대에는 평가받는 것과 상 받는 것이 함께 결부되어 있습니다. 그 미래를 숙고해 볼 때 평가받는 것은 "경외함과 경건한 두려움으로 기꺼이 주님을 섬기도록" 나를 고무시켜줍니다.^{히 12:28} 상 받는 것은 주님 안에서 즐거워하며 기쁨으로 주님을 섬기도록 나를 고무시켜줍니다. 우리는 하나님께 모든 것을 빚지고 있는 사람들입니다. 따라서 우리의 수고가 인정되든지 인정되지 않든지 그분을 섬겨야만 합니다. 하나님은 우리에게 할 일과 그 일을 감당할 능력을 주셨을 뿐만 아니라 우리에게 힘을 주시어 그 일을 성취하도록 하시고, 그 일들을 이루었을 때 보상까지 주신다는 사실은 우리에게 얼마나 은혜가 되는지요!

우리가 섬기는 사역의 최종 재판관이 주님이 되신다는 사실을 잊지 않고 기억하는 것은 하나님을 기쁘게 해드리는

26. 심판대와 사역

것 대신에 사람들을 두려워하며 사람들을 만족시키려는 욕구로부터 우리를 자유롭게 만들어 줍니다. 우리는 모든 사람을 만족시킬 수 없으며, 또한 그렇게 시도하려고 해서도 안 됩니다. 우리의 목적은 "어떻게 행하며 하나님을 기쁘시게 할 수 있는지"살전 4:1가 되어야 합니다. 내가 경험한 바로는 다수의 사람들보다 하나님을 기쁘시게 해 드리는 것이 훨씬 쉽습니다. 하나님은 우리를 속속들이 아시고, 우리를 더할 나위 없이 사랑하시기 때문에 그분은 우리의 사역을 정확하게 평가하실 수 있습니다.

주님을 섬기려는 사람들은 누구든지 친구들과 원수들 모두로부터 비판을 받게 될 것입니다. 그리고 그 비판을 인정합시다. 아마 우리들도 다른 누군가를 향해 우리 자신이 가진 비판을 퍼부어 댈 것입니다. 어떤 비판적인 그리스도인은 이렇게 말했습니다, "나는 여러분을 판단하는 것이 아닙니다. 나는 단지 주님의 포도원에 있는 열매 검사관일 뿐입니다!" 그러나 바울 사도의 경고를 잊어서는 안 됩니다.

> 그러므로 때가 이르기 전 곧 주께서 오시기까지 아무 것도

판단하지 말라 그가 어둠에 감추인 것들을 드러내고 마음의 뜻을 나타내시리니 그 때에 각 사람에게 하나님으로부터 칭찬이 있으리라(고전 4:5).

각각의 성도들의 사역 가운데에서 하나님이 칭찬거리를 찾고 계시다는 사실을 안다는 것은 참으로 격려가 됩니다. 사람들은 단지 우리의 행동을 바라보는 반면에 하나님은 우리의 속마음을 보신다는 것을 안다는 것은 또한 우리에게 용기를 북돋아 줍니다. 이것은 좋은 의도가 나쁜 행동으로 돌아온다고 말하는 것은 아닙니다. 하지만 우리가 최선을 다 했는데도 불구하고 더 잘 하지 못했다는 이유로 인해 슬퍼할 때 우리를 더욱 격려해 줍니다. 우리가 행한 섬김이 불을 견디어낼 것이라 생각하지 못할 수도 있겠지만 하나님은 더 잘 알고 계십니다.

여러분이 주님을 섬길 때 그리스도의 심판대를 염두에 둔다면 그것은 동료 일꾼들의 비판으로부터 여러분이 낙심되지 않도록 보호해 줄 것입니다.

네가 어찌하여 네 형제를 비판하느냐 어찌하여 네 형제를 업신여기느냐 우리가 다 하나님의 심판대 앞에 서리라…. 이러므로 우리 각 사람이 자기 일을 하나님께 직고하리라

(롬 14:10, 12).

이것을 지켜본다는 것은 참으로 두려운 일이 될 것입니다. "이러므로 우리 각 사람이 자기 일을 하나님께 사실대로 아뢰어야 할 것입니다."

다시 말씀 드리지만, 우리는 극단성을 피해야 합니다. 미래의 주님 앞에서 내 형제 자매들을 위하여 내가 변호할 수 없을 것이라는 사실이 내가 오늘날 그 사람들을 그냥 무시해 버려도 좋다는 의미는 아닙니다. 만일 그들이 나의 도움을 필요로 한다면, 나는 그들을 도와주어야만 합니다. 만일 내가 위험 가운데 내던져진 그들을 보게 된다면, 나는 그들에게 경고해 주어야만 합니다. 만일 그들이 내게 죄를 범한다면, 나는 그들에게 말해주어야만 합니다. 그리고 만일 그들이 회개한다면, 그들을 용서해야만 합니다. 다시 말해서, 내 형제, 자매들이 주님 앞에 설 때 그들이 좋은 평가를 받는

데 도움이 되도록, 내가 할 수 있는 최선을 다 해야만 합니다. 하지만 그들 내면의 동기 또는 그들의 사역에 대해 내가 판단을 내릴 자격은 없겠지요.

나는 예전이나 요즘이나 마찬가지로 교회의 역사에서 널리 알려진 주님의 일꾼 가운데 비판받지 않았거나 또는 무고한 비난을 받지 않았던 인물들을 알지 못합니다. 스펄전 Spurgeon은 그를 비난하며 쓰여진 엄청나게 많은 전단지를 모았고, 그것을 몇 개의 책들로 제본해 자신의 서재에 꽂아 두었습니다. 그 전단지를 제작한 사람들은 잊혀졌지만 스펄전의 사역은 여전히 계속되었습니다. 캠벨 모건 G. Campbell Morgan은 한 때 자신을 "현대주의자 modernist"[4]라고 낙인찍은 미국종교언론협회 American Religious press에 맞서서 반박하던 도중 강단 위에서 실신하기도 했습니다. 모건 박사에 대해 좀 더 공정하게 말하자면, 그런 일이 그분에게 일어났을 때 그의 건강은 극도로 좋지 않았던 상태였습니다. 비판에 대한 그의 일반

---

4 현대주의(Modernism)는 1900년대 초반부터 약 20여 년간 발흥했던 자유주의 신학의 한 흐름으로 계몽주의와 자유주의의 분위기를 타고 주류인 보수적 기독교 신앙에 이의를 제기하며, 과학, 진화, 종교 다원주의 등의 세상 정신에 기독교 신앙을 적용시키려는 신학 흐름을 말한다.*

적인 대처방법은 이랬습니다.

> 바람이 지나가듯 이내 지나갈 거야. 그동안에 나는 조용히 내가 하던 일이나 계속하는 거야.[5]

하나님의 사람들이 함께 협력하여 일할 때, 심지어 가장 절친한 친구들 사이에서도 의견의 차이와 오해들이 생겨납니다. 상황들은 늘 보이는 대로만 진행되지 않기에, 우리는 성급한 결론을 내리기도 하고, 섣부른 판단들을 만들기도 합니다. 우리의 사랑하는 주님이 심판대에서 이 모든 것들을 다스릴 것이라는 사실을 안다는 것은 우리에게 용기를 주며, 이후 우리가 하나님이 가지고 계신 천국의 관점에서 이 모든 것들을 내려다보게 될 때 우리 모두는 더불어 하나님을 찬양할 것입니다.

그때까지 캠벨 모건이 말했던 것을 따르며 우리에게 맡겨진 일에 매진합시다!

---

[5] Jill Morgan, *Campbell Morgan: A Man of the Word* (Grand Rapids, Mich.: Baker, 1972), p. 372.

27. 내키지 않는 날의 사역

우리 모두는 좋지 않을 때가 있습니다. 그러기에 우리는 그러한 날들을 받아 들여야만 하고, 그러한 날들을 가장 잘 활용하는 법을 배워야 합니다. 나는 모든 기독교 사역자들이 시시때때로 겪는 기분 내키지 않는 날들에 대해 말하고 있는 중입니다. 아마 여러분은 단잠을 자지 못했을 수도 있습니다. 두통 때문에 잠을 설쳤을 수도 있습니다. 아침 일찍 걸려온 전화 때문에 평상시보다 훨씬 일찍 일어났을 수도 있겠지요. 또한 어려운 일과 더불어 여러분의 하루를 시작했을 수도 있겠지요. 만일 여러분의 좋지 않은 날이 주일과 겹친다면, 그 어려움들은 더욱 가중되고 확대되겠지요. 사람들은 여러분을 의지하고 있고, 여러분은 사람들이나 주님의 기대를 저버리지 않기를 원합니다. 하지만 여러분은 아무것도 하고 싶지 않고, 정말로 그냥 침대로 되돌아가 드러누워 자고 싶습니다!

그럴 때에, 여러분은 어떻게 하나요?

만약 심각한 신체적 이상이 있는 경우에는 담당 의사에게 전화해야 하겠지만, 그렇지 않다면 여러분은 그 상황을 받아들이고 웃으며 샤워하고 그 하루를 맞이할 준비를 해서, 최선을 다하겠다고 결심하는 편이 가장 좋은 방편일 것입니다. 만약에 여러분이 마음 내키지 않는 매 순간마다 제 멋대로 행동하다보면, 결국 적고 적은 일을 하게 될 것이고, 마침내 아무 일도 하지 않게 되어버릴 것입니다.

다행스럽게도, 기쁨을 주는 기독교 사역은 감정에 근거하지 않습니다. 그것은 순종에 바탕을 둡니다. 사역은 의지의 문제이지, 감정의 문제가 아닙니다. 예수님이 십자가에서 우리를 위해 돌아가신 것은 오직 하나님의 뜻에 따른 것이었습니다. 하지만 주님의 육신은 단연코 좋은 상태가 아니었습니다. 관절염으로 내가 고생할 때마다 나는 주님의 고통을 생각하곤 합니다. 어떻게 손과 발을 깊숙이 관통하는 못들과 나의 관절염을 비교할 수 있겠습니까?

단지 감정에 근거한 기독교 사역은 롤러코스터와 같은 경험을 가져다주어서 하루는 한없이 높이 올라가고, 또 다음 날에는 한없이 아래로 곤두박질 칠 것입니다. 그것은 또한 다른 사람들을 도와주기보다는 자신만을 더욱 만족시키려고 집중하게 만들어 깊이가 없는 저급한 사역으로 우리를 이끌어 갈 것입니다. 장기적인 관점에서, 단지 우리가 가진 감정의 호불호에 근거해 동기가 부여되는 사역은 신뢰할 수 없고 이기적이며, 배려 없는 행동이 되는 것입니다.

기독교 사역자들로서 우리는 그리스도의 군사들같이 고난을 함께 견디어내야만 합니다. 그렇지 않으면 전투에서 패배하게 될지도 모릅니다.^{딤후 2:3} 어떤 사람들은 우리를 의지하고 있습니다. 그래서 "가장 위대한 능력은 의존하는 것입니다." (누가 맨 처음에 이렇게 말했는지는 모르지만 Bob Jones박사가 자주 이렇게 말하긴 했습니다.) 나는 유능하기는 하지만 이번 주에서 그 다음 한 주까지도 믿을 수 없는 일꾼과 일하기보다는 차라리 평범하지만 믿을 만한 일꾼과 함께 섬기기를 원합니다.

  여러분이 느끼는 감정에 개의치 않고 하나님을 섬기겠다고 마음에 다짐하십시오. 그러할 때 여러분 자신이 내키지 않는다고 느끼는 그때마다 여러분만의 고민에 빠짐으로 인해 겪어야 하는 금쪽 같은 시간과 에너지 낭비를 막을 수가 있습니다. 여러분의 다짐이 계속 헌신하게 만들어주고, 반복적으로 똑같은 전투에서 싸우지 않아도 되게끔 얼마나 많은 도움을 주는지 알게 되면 놀라게 될지도 모릅니다.

  그렇다면 그 다음 순서는 무엇일까요? 그것은 바로 가장 중요한 약속을 매일 매일 지키는 것입니다. 주님과 홀로 시간을 보내는 것입니다. 무엇보다 중요한 사실은 여러분이 말씀을 읽고, 기도하며 어떻게 느꼈는가 보다는 하나님이 여러분에게 말씀하시는 바를 귀담아 듣는 것과 하나님과 더불어 대화한 것 그리고 힘겨운 날을 맞아 그분의 특별한 도우심을 얻고자 그분께 여러분 자신을 드리는 것입니다. 주님은 여러분이 자신을 알고 있는 것보다도 여러분을 더욱더 잘 알고 계십니다. 하지만 여러분이 느낀 바를 순전히 하나님께 아뢰고, 그러한 날에 주님의 일을 감당하는 데 필요한 은혜를 요청하십시오.

매일 아침 개인적인 경건의 시간 가운데, 나는 힘든 날의 모든 일정들 가운데 나의 행할 바와 모든 헌신이 주님께로 향하도록 기도하기를 좋아합니다. 그것은 그런 날의 책임들과 장애물들이 주님의 손 안에 놓여있다는 것을 의미하기에 주님이 나의 계획을 설령 변경하신다 해도 내가 초초해지지 않게 됩니다. 이러한 믿음의 작은 발걸음이 분주한 일정으로 인해 벌어질 수 있는 수많은 압박들로부터 벗어나게 해줍니다.

'즐거이 일할 마음이 도무지 내키지 않는 날'에 주님과 함께 여러분의 일정들을 점검해가며, 일정상에 예정된 몇몇 일들이 변경 가능한지를 살펴보십시오. 어떤 활동들은 여러분의 결정 아래에 완전히 놓여 있어서, 여러분이 그 일정들을 취소하거나 미룰 수도 있을 것입니다. 일정을 이미 정한 다른 사람들과 결부된 다소간의 책임들은 여러분이 조정할 수 있는 것만큼이나 쉽게 변경할 수는 없겠지요. 하지만 하루 또는 이틀을 연기하는 것이 다음에 여러분이 더 나은 일을 감당하는 데 도움이 된다면, 예정된 시간과 그 밖의 일정들이 심히 중대한 일정이 아니라면, 여러분의 계획들을 변경하고, 여러분의 부담을 더욱 가볍게 해주는 것이 현명하리라 봅니다. 물론 오늘의 짐을 가볍게 한다는 것은 내일이나 그 다음 주에 한층 처리해야 할 일이 많아진다는 것을 의미하긴 하겠지요. 하지만 여러분은 그때에 그러한 부담을 처리하기에 더 나은 본래의 상태로 돌아와 있을 겁니다. 여러분을 인도하기 위한 절대 규칙은 없습니다. 주님이 여러분을 지도하시는 가운데 여러분은 자신의 "영적 직관력"에 의존해야 합니다.

주님은 여러분의 내키지 않는 날들이 도래하기 훨씬 이전부터 그 날들에 대해 알고 계시며, 여러분이 필요로 하는 바로 그때에 주님은 여러분에게 필요한 능력과 동기부여를 주실 수 있으십니다. 하나님의 은혜는 여전히 충만하며, 하나님의 능력은 여러분의 약한 가운데서도 여전히 온전해집니다.^{고후 12:9} 어려운 날들을 뚫고 나가게 하는 것은 여러분의 감정이 아니라 여러분을 통해 이끄시는 주님의 신실하심입니다.

그 다음 단계는 무엇일까요? 마치 여러분이 올림픽 경기에 출전하는 사람처럼 한 번에 한 계단씩 그리고 자신에게 맡겨진 임무를 하나씩만 감당하고, 한 사람씩만 만나며 여러분의 하루를 보내시길 바랍니다. 여러분 자신의 상태가 좋지 않다고 느끼는 것을 누군가에게 말해야 할 것 같은 유혹을 참아내십시오. 여러분 자신에 대해 알고 있는 것보다, 다른 사람들은 어쩌면 여러분보다 상태가 훨씬 더 좋지 않을 수도 있습니다. 그리고 어찌되든지 여러분은 사람들에게 해로움을 조장하게 되거나 암울함을 퍼트리기를 원하지는 않을 것입니다. "이것 역시도 지나갈 것입니다."

나는 그것을 증명할 수는 없지만 주님을 위한 사역의 상당부분은 때때로 기분 내켜하지는 않는 형제들, 자매들에 의해 이루어져 왔다는 것에는 의심의 여지가 없을 것입니다. 사실상, 그들 중에 누군가는 그 사람이 아닌 다른 사람이라면 낙심될 만한 충분히 어려운 조건 가운데 섬기고 있습니다. 즐거이 일하고 싶지 않은 날은 우리들 중 어느 누구에게도 특별한 것이 아닙니다. 하지만 우리가 그때 제멋대로 행동하며, 동료 사역자들을 향해 문젯거리를 만들어 즐거이 일하고 싶지 않은 날이 변명거리가 되도록 놔두어서는 안 됩니다. 고질적인 신체적 불평은 전문가의 도움을 받아야 하겠지만, 가끔 나타나는 일반적인 어려움들은 문제라기보다는 불쾌한 기분에 더 가깝습니다. 그리고 이러한 가끔식의 문제들이 우리의 사역을 중단하게 내버려두어서는 안 됩니다.

만일 마음 내키지 않은 날에 너무 꽉 짜인 옴짝달싹할 수 없는 일정이 아니라서 여러분이 집에서 용기 있게 어려움을 소화해 낼 수 있을 정도라면 무슨 일을 하든지 괜찮습니다만, 단지 자기연민에 빠지는 그런 감정에서만큼은 벗어나시길 바랍니다. 마음 내키지 않은 날들$^{\text{off days}}$은 또 다른 의미의 헌신의 날$^{\text{offer days}}$도 됩니다.

이런 날들은 엄청난 창조성을 요구하지 않기에 정해진 일상의 일들을 만회할 기회들을 여러분에게 제공하는 날입니다. 나는 마음 내키지 않는 날에는 때때로 정기적인 우편물을 부치거나, 내 설교 목록에 있는 색인을 달거나, 문서자료를 말끔히 정리하거나, 아내가 혼자 처리할 수 없는 몇몇 집안일들을 하며 아내를 도와주기도 합니다. 아마도 내키지 않는 날은 사진 앨범 안으로 사진들을 집어넣고, 잡지 기사들을 정리하거나, 아니면 수북이 쌓아놓은 잡지들을 읽어보기 위해 여러분이 기다려 온 기회의 시간이 될 수도 있겠지요. 그리고 이러한 일들 도중에 한적한 곳에서 잠시 눈을 부치는 것도 나쁘지는 않을 것입니다.

"그가 나를 푸른 초장에 누이시는"것도 가끔은 내키지 않는 날의 이유가 되기도 합니다. "주님이 나를 졸게 만드셨다"는 것도 가끔은 이유가 되기도 합니다. 여러분에게 이런 중단이 달갑지도 않을 수도 있겠지요. 하지만 하나님 아버지는 여러분이 너무 오랫동안 힘들게 일하고 있는 것을 알고 계시기에, 휴식을 위한 시간이 여러분에게 다가온 것입니다. 분주한 주님의 사역자들은 실제로 긴장을 푸는 것도 잊어버린 채 그들 자신을 너무 많은 업무 가운데로 밀어 넣습니다. 만일 여러분이 어떤 일도 하고 있지 않을 때에 불안해지거나 어디론가 가는 것에 있어 또는 무엇인가를 하는 것에 항상 조급해 한다면, 여러분은 경계선상에 놓인 일 중독자가 된지도 모릅니다. 그러니 하나님의 경고에 주의를 기울이시길 바랍니다. 휴식은 미래에 있을지 모를 심장병으로부터 여러분을 구해 줄 것입니다.

즐거이 일하고 싶지 않은 날은 근무가 없는 휴일의 하루와 그리 비슷하지는 않습니다. 하지만 만일 여러분의 접근 방식과 태도가 올바르다면, 여러분은 자신과 여러분의 사역에서 모두 유익을 주는 날로 만들 수 있을 것입니다.

만일 우리가 씩씩하게 인생의 사소한 불평거리들을 처리할 수 없다면, 참으로 심각하게 중요한 일들이 다가올 때 우리가 어떻게 반응할 수 있겠습니까? 하나님은 예레미야에게 질문하실 때에 아마도 이러한 생각을 마음 가운데 품고 계셨을 것입니다.

> 만일 네가 보행자와 함께 달려도 피곤하면
> 어찌 능히 말과 경주하겠느냐
> 네가 평안한 땅에서는 무사하려니와
> 요단 강 물이 넘칠 때에는 어찌하겠느냐(렘 12:5).

그리고 바울 사도는 내키지 않는 그 날에 항상 나에게 격려가 되는 말씀을 썼습니다.

그러므로 우리가 낙심하지 아니하노니 우리의 겉사람은 낡아지나 우리의 속사람은 날로 새로워지도다(고후 4:16).

"날로 날로 새롭게." 심지어 마음 내키지 않는 날이라 할지라도!

하나님의 일꾼과 사역
On Being a Servant of God

28. 용서와 사역

 만일 여러분이 누군가와 원수가 되기로 결심한다면, 괜찮은 원수를 선택하십시오. 왜냐하면 원수들은 상당히 돈이 많이 드는 사치품이기 때문입니다. 어느 익명의 재담꾼이 이렇게 표현 했습니다. "만약 여러분이 누군가를 향해 앙심을 마음속에 키우고 있다면, 엄청난 비용을 지불해야 할 것을 알고는 계십시오." 아뿔싸, 그 비용의 대부분은 여러분이 품은 앙심이 여러분으로부터 평안과 활력을 서서히 강탈해가서 결국 여러분을 불행하게 만들 그 때부터 나누어서 지불됩니다.

 여러분이 누군가의 원수가 되는 것은 어찌할 수 없겠지요.

하지만 여러분은 원수가 되려고 하는 여러분 자신을 도울 수는 있습니다. 내가 시편 18편을 읽을 때마다, 다윗이 다른 원수들로부터 사울을 분리시켜서 사울을 원수로 여기지 않는 것에 깊은 감동을 받습니다. 사울은 다윗을 적으로 간주했지만, 다윗은 사울을 적으로 여기지 않습니다. 다윗은 사울이 벌이는 그 어리석은 짓거리로부터 사울을 멈추게 할 수는 없었지만 다윗은 그것들에 대한 자신의 반응을 통제할 수는 있었습니다.

만약 여러분이 여러분의 마음을 갉아 먹고 있는 원수를 품고 있다면, 그것은 원수가 거기 있도록 여러분이 선택한 것입니다. 다른 사람이 여러분에게 어떻게 대하는 것에 대한 책임은 여러분에게 있지 않습니다. 하지만 여러분이 그들에게 반응하는 방식은 여러분에게 책임이 있습니다. 여러분의 원수에 대해서 여러분이 은밀하게 곱씹어 생각함으로 인해 자아가 얻는 만족감이 무엇이든지 간에, 그것은 속사람을 훼손시킬 만한 가치를 지니고 있지 않습니다.

나는 나의 우선적 반응이 기도가 되어야 한다는 것을 깨달았습니다. 아마도 나에 대해서 선전포고를 하는 사람들은 나의 기도가 필요하지 않겠지만, 나는 그들을 위해 기도해야만 합니다. 예수님은 우리가 우리의 원수들을 사랑하고, 축복하고, 잘 대해주고, 그들을 위해 기도하라고 가르쳐 주셨습니다.^{마 5:44} 이것은 마음을 앙심이라는 독성의 감염으로부터 보호해주는 확실한 치료책입니다.

여러분은 이렇게 말하겠지요. "그래, 나는 그들을 위해 기도할거야. 하지만 시편에 나오는 감동적인 기도 가운데 하나를 사용해야지!" 그래서 여러분은 시편의 저주시 가운데 하나를 발견해 우뢰의 아들들과^{막 3:17, 눅 9:51-56} 한통속이 되어서 여러분의 원수들의 머리위로 하늘로부터 불과 유황을 떨어트려 달라고 요청하겠지요.

하지만 그것은 산상설교 가운데 예수님이 말씀하신 기도와 부합되지는 않습니다. 우리는 무엇보다 우리가 쓴 마음을 품으며 복수를 하려고 마음먹지 않도록 우리 자신을 위해서 기도해야 합니다. 일단 우리가 그 장애물을 넘으면, 나머지는 더욱 쉬워질 것입니다. 그 이후에 우리는 마땅히 해야 하는 바 원수들을 위해 기도할 수 있고, 그들 자신이 가진 필요를 보게 되고, 하나님께 도움을 구하며 돌아올 수 있도록 주의 말씀 안에서 통찰력을 가지고 그들을 축복해 주시도록 하나님께 간구할 수 있습니다. 우리는 그들을 선히 대하고, 그리스도 같은 마음을 보여줄 수 있는 기회들을 주시도록 기도할 수 있습니다. 그리고 우리는 또한 우리가 그들을 다른 이들의 면전에서 깎아 내리지 않는 대신에 그들에 대해 좋은 것만을 말하게 해달라고 기도할 수 있습니다. 그렇지 않으면 아무런 것도 말하지 않게 해달라고 기도할 필요가 있습니다. "공중의 새가 그 소리를 전하고 날짐승이 그 일을 전파할 것임이니라."전 10:20

사탄이 여러분으로 하여금 마음에 원수들을 품기를 원하는 이유에 대해 반드시 명심해야 할 것이 있습니다. 여러분이 잘못된 방식으로 여러분의 원수에게 반응한다면, 사탄은 여러분의 삶 가운데서 거점을 마련하게 됩니다. 사탄에게 활동 장소를 내어주는 것에 대해 바울 사도는 경고했습니다.엡 4:27 아울러 이 경고는 사탄이 활개 칠 거점을 만들어 주도록 우리가 도와주어 결국 우리가 범하게 되는 온갖 죄들에 대한 추가적인 경고들로 둘러싸여 있습니다. 몇 가지만 나열하자면 거짓말, 분냄, 부패한 말, 원한, 용서하지 않는 마음입니다. 여러분의 원수들이 여러분의 외부에 있는 한은 여러분은 얼마든지 안전하겠지요. 하지만 여러분이 원수들을 여러분의 마음 안으로 들어오게 허용한다면, 여러분은 문제 가운데 휘말리게 될 것입니다.

만약 여러분의 원수들이 여러분의 마음 가운데 들어올 길을 만들지 못하는 것을 사탄이 보게 된다면 사탄은 대개 두 가지 중의 하나를 시도하려고 할 것입니다. 하나는 모든 것을 없던 일로 하는 것입니다. 그 경우는 여러분과 여러분의 원수가 기쁘게 화해할 수 있겠지요. 또 다른 하나는 압력을 가중시켜서 여러분을 한계점에 도달하도록 부추기는 것입니다. 만약 그런 일이 생긴다면, 여러분의 전투는 혈과 육에 속한 것이 아니라 자신들의 목적을 달성하기 위해 혈과 육을 이용하려고 하는 보이지 않는 사단의 무리에 속한 것임을 여러분은 깨달아야 합니다.^{엡 6:12} 여러분은 반드시 매일매일 믿음으로 하나님의 전신 갑주를 입고, 여러분을 위해 하나님이 제공해주신 도구들을 사용하십시오.

올바른 기도는 비록 우리가 개인적으로는 그들을 용서해 주지는 못한다 할지라도 마음 가운데로부터 우리의 원수들을 용서해 주도록 이끌어 주는 것이 되어야 합니다. 그리고 여러분 마음 가운데 남아서 엄청난 폐해를 안겨줄 수 있는 그 고통스러운 기억들을 제거해 달라고 하나님께 간구하는 기도가 되어야 합니다. 이와 관련해서는 지금은 고인이 되신 영국에서 가장 탁월한 감리교 설교자 가운데 한 분인 윌리엄 생스터William Sangster 박사[1]에 대한 이야기가 떠오릅니다.

생스터 박사는 성탄절 카드를 쓰고 있었습니다. 그리고 그 집에 손님으로 와있던 한 사람이 카드 봉투에 적혀있던 이름을 보고는 너무 놀랐습니다. 왜냐하면 그 봉투에 적혀있던 사람은 18개월 전에 생스터 박사를 신랄하게 비난했던 사람이었기 때문입니다.

"정말로 이 사람에게 성탄 카드를 보내는 것은 아니시겠

---

[1] William E. Sangster(1900-1960) 박사는 전도와 실천적 성화(聖化)에 헌신하여 '당대의 존 웨슬리'로 평가받고 있다. 잉글랜드와 웨일즈에서 목회를 했고 그의 감화력 있는 설교는 영국의 지도자들뿐 아니라 청중들에게도 널리 퍼졌으며, 2차 대전 중에는 웨스트민스터 센트럴홀(Westminster Central Hall)에서 목회를 했는데 그곳에서 그는 교회 사역을 하면서, 공습 대피소를 관리하기도 했다. 런던대학교(London University)에서 철학박사 학위를 받았으며, 감리교연회(1950년)의 감독회장직과 감리교 가정선교회의 총무를 맡았으며 여러 권의 설교집, 성화, 전도에 관한 책들을 썼다.*

지요?" 그 사람은 물었습니다. "보내지 않을 이유가 있겠소?" 생스터 박사는 되물었습니다.

"하지만 기억나지 않으세요?" 손님이 이야기를 꺼내기 시작했습니다. "18개월 전에…"

생스터 박사는 그 남자가 자기에게 했던 일을 떠올렸습니다. 하지만 그는 동시에 그 일을 더 이상 마음에 두지 않기로 했던 그의 결심도 떠올렸습니다. "그것은 내가 잊어버려야 할 기억 가운데 하나였습니다"라고 그는 말했었고, 그는 진짜 그렇게 잊어버렸습니다.[2]

그리스도인들이 어떠한 일을 잊어버릴 때, 그것은 단순히 마음에 두지 않는 다는 것만을 의미하는 것은 아닙니다. 왜냐하면 때로 그렇게 하기는 어렵기 때문입니다. 성경적으로 잊어버린다는 것이 의미하는 것은 "사람들에 대해 가지는 좋지 않은 감정에 더 이상 매어있지 않는 것과 그것이 여러분과 다른 사람의 관계에 더 이상 영향을 미치지 않도록 하는 것입니다." 하나님은 전지하시기 때문에 하나님은 그 어떤

---

2 Paul Sangster, *Doctor Sangster* (London: Epworth Press, 1962), p. 169.

것도 잊어버리실 수가 없습니다. 그럼에도 불구하고 하나님은 우리를 대적하는 우리가 범한 죄들을 더 이상 붙잡고 계시지 않기로 선택하신 것입니다. 하나님은 잊어버려야 함을 기억하고 계십니다.

때때로 개인들 간의 불화가 잘 해소되지 않을 때가 있습니다. 그러한 때 우리는 하나님이 행동하시기로 결심하실 때까지 그들과 더불어 인내하며 지내야 합니다. 다윗은 하나님이 전쟁터에서 사울의 목숨을 취하실 때까지 사울로부터의 비방과 공격을 참아내야만 했습니다. 하지만 사울이 죽은 그때에도 사울 왕의 죽음을 기뻐하지 않았습니다. 대신에, 그는 사울과 요나단의 죽음을 국가적으로 애도하도록 했습니다.

그리스도인의 전기의 모든 페이지마다 그들의 원수가 아니라 친구였어야 할 사람들로부터 이런 저런 이유로 부당하게 비난을 받은 그리스도인 지도자들의 눈물로 얼룩져 있습니다. 교회 안의 많은 '익명의' 그리스도인 일꾼들과 전 세계의 여타 사역들은 동일하게 고난받아왔습니다. 세상에 속한 사람들이 우리를 공격하는 폭력을 감내하는 것도 충분히 힘든 일입니다. 하지만 하나님의 자녀들이 '그리스도의 사랑이라는 이름으로' 그런 일들을 자행할 때, 상처들은 더욱 깊어집니다.

바울 사도는 옥중에서 디모데에게 쓰는 편지에 이렇게 적었습니다.

> 내가 처음 변명할 때에 나와 함께한 자가 하나도 없고 다 나를 버렸으나 그들에게 허물을 돌리지 않기를 원하노라 (딤후 4:16).

그리고 예수님은 십자가상에서 다음과 같이 기도하셨습니다.

> 아버지 저들을 사하여 주옵소서 자기들이 하는 것을 알지 못함이니이다(눅 23:34).

랄프 왈도 에머슨Ralph Waldo Emerson의 『처세론』*The Conduct of life*에서 7세기 동방 시인의 몇 구절을 인용했습니다.

천 명의 친구를 가진 사람은
용서를 베풀 기회조차 없지만
한 사람의 원수를 가진 사람은
어디서나 자비를 베풀 수 있으리!

잊어야 한다는 사실을 기억하십시오!

29. 돈과 사역

우리가 함께하는 대화를 마치기 전에, 나는 돈에 관해서 말할 필요를 느낍니다. 주님이 사역을 하신 기간 동안, 예수님은 재물에 관해서 많이 말씀하셨기에 돈에 대한 주제는 무엇보다 중요합니다.

나는 돈 자체는 중립적이며, 우리가 돈을 사용하는 방법에 따라 그것이 선이 될 수도 있고 악이 될 수도 있다고 생각했습니다. 하지만 나는 그 생각을 바꾸었습니다. 나는 돈 자체는 기본적으로 악하다는 사실과 오직 하나님의 축복만이 돈을 정화시킬 수 있고, 하나님 나라의 사역 가운데 그것을 유용하게 사용될 수 있다고 확신합니다. 예수님은 재산을 '불의한 재물'눅 16:9, 11이라고 부르셨고, 돈이 우리의 마음을 사로잡고 우리의 의지를 지배할 수 있음을 경고하셨습니다.마 6:24, 눅 16:13 바울 사도는 교회의 지도자들에게 돈을 사랑치 말 것을 경고했고,딤전 3:3, 딛 1:7, 11 베드로 사도도 똑같은 경고를 되풀이했습니다.벧전 5:2 최근의 방송사역에 있어서의 스캔들은 이 경고들을 지속적으로 유념하지 않고 있음을 알려주고 있습니다.

예수님이 아람어 단어인 **맘몬**재물을 언급하셨을 때, 그분은 부를 의인화해서, 이방 신의 하나로 재물을 설명했습니다. 몇몇의 학자들은 **맘몬**이라는 단어는 '사람들이 신뢰하는 것 그 자체'를 의미하는 아람어의 한 어근으로부터 유래했다고 간주합니다. 어떤 사람들은 하나님을 믿고, 어떤 사람들은 재물을 믿고, 또 어떤 사람들은 이 두 가지 모두를 믿으려 합니다. 예수님은 강조하셨지요. 우리는 하늘의 하나님과 황금의 이방신을 함께 섬길 수는 없습니다.

그렇다면 재물이 왜 그렇게 위험할까요? 그 이유는 재물이 힘을 발휘해 우리를 천천히 부추겨서 그것을 신과 같이 대하도록 만들기 때문입니다. 마음과 목숨과 뜻을 다해 하나님을 사랑하는 대신에, 우리는 하나님과 돈을 함께 사랑하려고 합니다. 하지만 머지않아, 하나님의 자리는 슬그머니 사라지게 됩니다. 돈에 대한 욕망은 마음을 점령합니다. 돈을 벌어들이기 위한 온갖 생각이 마음을 지배합니다. 그리고 머지않아 의지가 사로잡히게 되고, 돈은 의지를 지배하기 시작합니다. 바울 사도가 '우상숭배'와 '탐욕스러움'을 동일시 한 것은 놀랄 만한 일이 아닙니다.^{골 3:5}

돈은 하나님을 대신 하기에 너무나 만족스러운 대용품입니다. 무엇보다도, 돈은 너무나 현실적이라 돈을 신뢰하는 데에는 믿음이 필요하지 않습니다. 바리새인들은 다른 것보다도 부와 종교를 혼합해 버리는 죄를 범했습니다. 그래서 예수님은 그들의 부당함을 지적하셨습니다.^{눅 16:14-15} 그리고 사도 바울도 에베소 교회의 부요한 성도들을 일깨워 주기 위해 "돈을 사랑함이 일만 악의 뿌리"가 된다고 디모데에게 일러주었습니다.^{딤전 6:10} "너는 탐내지 말라"는 것은 십계명의 마지막 계명이 될 수 있겠지만,^{출 20:17} 그것을 무시하는 것은 나머지 아홉 계명 모두를 깨뜨리게 만들 수 있습니다.

돈은 현대 문명의 신이며, 그것을 숭배하는 것이 교회 안에 깊숙이 침투해 들어와 있습니다. 사람들이 '성공'하기만 하면, 다시 말해 '부유하고 유명하기만 하면' 그들의 인격과는 전혀 상관없이, 심지어 더 현명해야 할 그리스도인들에게조차도 높이 평가받고 본받는 대상이 되어버립니다. 이렇게 성공한 유명인들은 강단에서도 소개되고, 텔레비전과 라디오의 기독교 방송에서 인터뷰도 합니다. '건강하고도 부유한' 설교자들은 알게 모르게 가난은 불신앙에 따르는 징벌이고, 용서받을 수 없는 죄는 하나님이 여러분에게 고급 리무진 승용차를 주실 때 중고차를 몰고 다니는 것이라고 생각하도록 수백만의 사람들을 오도시켜 왔습니다.

헌신된 주님의 일꾼들은 스펄전이 말한 것처럼 '최소한'의 돈을 가지고 종종 사역을 감당해야 하기 때문에 특히 '돈에 관한 대화'로 인해 상처받기가 쉽습니다. 그래서 바리새인들이 행했던 고르반의 율법[막 7:9-13]을 하나님의 일꾼들이 따라가려 하거나 또는 우리가 가진 소유물 모두는 하나님의 것이기에 우리는 이제 더 이상 하나님께 십일조나 헌금을 드려야 할 의무에 매어있지 않아도 괜찮다고 말하게끔 하나님의 일꾼들을 부추기고 있습니다. 다수의 주님의 일꾼들이 자신들의 청지기적인 책임에 신실하지 않고 멀찍이 떨어져 있지만, 그들은 어느 누구도 그것을 눈치 채지 못할 것을 희망하지요.

하지만 우리는 돈과 사역을 분리시킬 수 없습니다! 만일 하나님이 돈에 대해서 우리를 신뢰할 수 없다면, 그분은 사역을 위해 정말 필요한 '진정한 부요함'에 대해서 우리를 신뢰할 수 없으실 것이라고 예수님은 분명히 말씀하셨습니다.^{눅 16:9-13} 재정에 있어서 신뢰할 수 없는 일꾼은 사역에 있어서도 신뢰할 수 없습니다. 내가 그렇게 말한 것이 아니라 예수님이 그렇게 말씀하셨습니다!

주님은 말씀하십니다. " 너희가 만일 불의한 재물에도 충성하지 아니하면 누가 참된 것으로 너희에게 맡기겠느냐?"^{눅 16:11}

기독교 지도자들이 단지 약간의 돈을 더 벌기 위해 자신들의 인격을 내팽개치거나 또는 자신들의 사역에 더 많은 돈을 기부할 사람들을 얻고자 상식에서 벗어난 방법을 사용하는 것은 이 얼마나 통탄해야 할 비극적인 일인지 모르겠습니다. 돈이 지배하게 될 때, 인격은 보이지 않게 되고, 그와 동시에 사역도 끝이 나게 됩니다. 존 헨리 조윗^{John Henry}

Jowett[1]가 진리를 설파했습니다.[2]

> 부유함의 진정한 척도는 우리가 가진 모든 돈을 잃은 후에도 우리가 얼마나 가치 있는 존재로 남아있는가에 달려있다.

수많은 하나님의 신실한 일꾼들은 돈은 더 적게 받고, 일은 더 많이 하지만 그들은 자신들의 섬김을 특권으로 여깁니다. 나는 선교지에서 1년 동안 후원 받는 총액보다 자신들이 본국에서 한 달만 일해도 그것보다 더 많은 돈을 벌어들일 수 있는 탁월한 외과 의사들을 만난 적이 있지만 여러분은 그들의 불평소리를 듣지 못할 것입니다. 지역 교회마다 자원하여 섬기는 수많은 일꾼들이 파트타임으로 사역을 하면서도 자신들의 가족들과 함께 보내는 시간들과 거의 맞먹는 많은 시간들을 교회에 헌신하고 있지만, 그들은 인내함 가운데, 주님이 다시 오실 그 때에 자신들의 몫을 받을 것

---

[1] John Henry Jowett(1864-1923) 목사는 영국 출생의 위대한 설교자로 캠벨 모건이 웨스트민스터 교회를 사임한 이후 그곳에서 마지막 목회를 하였다.*
[2] Tony Castle, *The New Book of Christian Quotations* (New York: Crossroad, 1984), p. 166.

을 고대하며 만족해하고 있습니다.

　우리들 한 사람 한 사람은 하나님이 우리에게 허락하신 경제적 수준의 위치를 알아야만 되고, 그 자리에서 자족하며 살아가야 합니다. 만일 하나님이 우리에게 필요한 것보다 더욱 많은 것을 주신다면, 우리는 그것을 나누어 줄 수 있습니다. 오늘날 그리스도인들을 기만하고 있는 돈에 관한 거짓된 신화들에 도전장을 내어 감히 대항하기 위해서는 헌신과 용기가 필요합니다. 우리가 효과적인 사역 가운데 살아남길 원한다면, 우리는 그렇게 해야만 합니다. 나는 하나님의 사람들 편에서 신실하지 못한 청지기 의식이 오늘날 교회 안에서의 부흥을 가로막고 있는 죄 가운데 하나라고 믿습니다.

　돈은 '이 세상의 신'입니다. 그래서 돈은 수백만 명의 사람들에게 대용품의 삶을 통해 인생을 즐기라고 영향을 떨치고 있습니다. 돈이 있으면 사람들은 오락거리는 구입할 수 있겠지만 기쁨은 살 수 없습니다. 사람들은 약국에 들러 숙면을 위한 수면제는 구입할 수 있겠지만 평안은 살 수 없습니다. 그들이 소유한 돈으로 얕은 교제를 나누는 다수의 사람들을 끌어들일 수는 있겠지만, 진정한 친구는 거의 만들 수 없습니다. 재물은 그들에게 감탄과 부러움을 자아내게 하지만 사랑은 얻을 수 없습니다. 최고의 의료서비스는 구입할 수 있겠지만, 건강은 구입할 수 없습니다.

그렇습니다. 돈으로 살 수 있는 것들을 가진다는 것은 물론 좋은 일입니다. 그 소유들로 인해 우리가 돈으로 살 수 없는 것들을 잃어버리지 않는다면 말이죠. 하나님은 은혜롭게도 "모든 것을 후히 주시고 누리게 하시며" 그와 동시에 "정함이 없는 재물을 신뢰"하지 말도록 우리에게 경고해 주십니다. 딤전 6:17 주님의 일꾼들이 일상의 필요에 대하여 하나님을 신뢰하는 법을 배우지 못한다면, 어떻게 사역의 필요에 대하여 주님을 제대로 신뢰할 수 있겠습니까?

하나님을 섬기는 것은 일상적인 기적의 한 부분이 된다는 것을 의미합니다. 아울러 그 기적의 한 측면은 다름 아닌 하나님이 그분의 백성들을 향해 공급하시는 방법입니다. 다윗은 시편 37:16에서 "의인의 적은 소유가 악인의 풍부함보다 낫도다"라고 말했습니다. 그리고 다윗은 자신의 개인적인 간증을 25절에 덧붙였습니다.

내가 어려서부터 늙기까지

의인이 버림을 당하거나

그의 자손이 걸식함을 보지 못하였도다(시 37:25).

바울 사도는 이 구절에 큰소리로 "아멘"으로 화답했을 것이고 "나의 하나님이 그리스도 예수 안에서 영광 가운데 그 풍성한 대로 너희 모든 쓸 것을 채우시리라"[빌 4:19]고 덧붙였을 것입니다.

여러분도 이 말에 큰소리로 "아멘"이라고 말할 수 있으신지요?

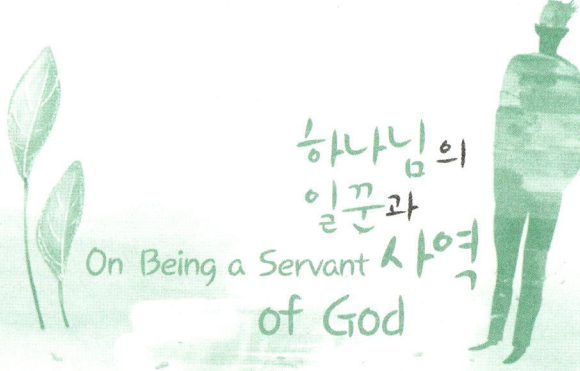

30. 미래와 사역

최근에 나는 '미래주의자들'futurists의 책을 읽고 있습니다. 이들 전문가들은 다가올 몇 십 년 동안의 세상이 어떤 모양이 될 것인지와 우리가 그것을 어떻게 준비해야 하는지를 알려줍니다. 그들 모두는 모든 분야에서 급격한 변화를 예견하고 있을 뿐 아니라 교회가 진작 차용했어야 할 만한 무시무시한 경고들을 던져 주고 있습니다. 단지 세상만 변화하고 있는 것이 아니라, 변화 그 자체도 변화하고 있다고 말하고 있습니다. 따라서 교회도 더 이상 기다리기만 해도 괜찮았던 시간은 더 이상 없을 것이라고 말합니다.

다른 모든 것들이 변화하고 있기에, 나는 변화의 양상도 역시 변화할 것이라고 믿어 의심치 않습니다. 그렇다고 해서 그 사실이 나를 지나치게 불안하게 하지는 않습니다. 그것은 내가 미래에 대한 장밋빛 환상을 가지고 있어서 그런 것이 아니라 지난 과거에 사람들이 다가 올 미래가 불안해질 것이라고 지속적으로 말해왔던 책들을 충분히 읽으며 미래에 대해 미리 준비해왔기 때문입니다. 그리고 어찌되었든 우리는 지금까지 생존해 왔습니다. 변화에 대한 여전히 변하지 않는 사실이 있습니다. 그것은 변화가 여전히 누군가를 흥미롭게 만들기도 하고, 또 어떤 이들을 두렵게 만들기도 하며, 예언적인 일부 사람들에게는 좋은 돈벌이를 제공해 준다는 사실입니다.

내가 살아오는 동안에, 교회는 영화, 라디오, 자동차, 공산주의, 알코올, 텔레비전, '마약', 인구팽창, 핵무기, 자유주의,^{신학적 그리고 정치적} 보수주의,^{신학적 그리고 정치적} 로마 가톨릭 신앙을 가진 미국 대통령 출현, 냉전, 환경오염, 생태계의 불안, 낙태, 성 교육, 차별금지법, 국가 채무와 그 외 일련의 틈 사이로 들어오는 여러 위협요소들이 사회에 끼치는 파괴적 영향력들에 대해 지속적인 경고를 받아왔습니다. 우리가 잠시

자유롭게 숨쉴만하다고 생각했던 바로 그때에도 혹시 모를 위협들을 위해서 어떤 이들은 우리의 지갑에 있는 돈을 쓰면서, 어려움에 대비할 것을 주장했습니다.

그럼에도 불구하고, 우리는 여전히 이곳에 살아있습니다! 어떻게든 우리는 살아남았습니다! 앞서 제기한 문제들 중의 몇 가지는 중요하지 않다거나 하늘에 시민권을 둔 그리스도인들에게 주의가 전혀 필요하지 않다는 말은 아닙니다. 하지만 공산주의의 몰락과 더불어 핵전쟁의 위협은 점차 쇠퇴하는 것처럼 보입니다. 장래의 복음 사역에 그것이 어떻게 영향을 미칠는지 나는 아직 확신이 서지 않지만, 사람들은 "냉전은 종식되었다"라고 외칩니다. (만일 오랜 시간을 기다린다면, 복음주의적인 '강연자와 여행자'들이 그것에 관한 책을 쓸 지도 모릅니다.) 우리는 심지어 교회에 한 번도 출석하지 않고, 로마 가톨릭을 신봉하는 미국의 대통령(케네디 대통령-역주)으로부터도 살아남았습니다. 국가적인 채무와 관련해서도, 많은 시민들이 개인적 부채에 깊이 빠져있었기 때문에, 그들은 국가적인 재정의 무책임성에 대해 신경을 쓰지 않습니다.

내가 말하고자 하는 바는 상황은 바뀌고, 오래된 문제들은 사라지며, 새로운 문제들이 그 자리를 대신 채우긴 하겠지만, 삶은 계속된다는 것입니다. 여러분과 나는 오직 단 한 번의 생을 살며, 그 삶을 마감하기 전에 하나님을 위해 맡겨진 일을 감당해야 합니다. 나는 세상을 변화시키기 위해 그리 많은 일을 하지는 못하지만, 그렇다고 해서 그것이 밤에도 잠들지 못하도록 나를 계속 깨어있게 하지는 않습니다. 권위를 가진 사람들조차도, 세상을 변화 시키는 것에 대해서 그리 많은 일을 할 수는 없습니다. 그렇지만 하나님이 나를 보내신 그 세상 가운데 들어가 하나님의 임재를 불러일으키는 그 무엇인가를 나는 할 수 있습니다. 그리고 바로 그것이 사역의 모든 것입니다.

몇 년 전에 나는 어떤 우화집을 읽었습니다.

개미가 지네에게 물었습니다.

"지네야, 너는 다음번에 어떤 다리가 움직여야 하는지 어떻게 아니?"

지네는 이 질문에 진지하게 고민하더니 이렇게 답했습니다.

"나는 한 번도 그것에 관해 생각해보지 않은 거 같아."

하지만 이 질문에 대해 그가 고민하면 할수록 그는 더욱 어쩔 줄 모르게 되고, 결국 너무 혼란스러워져 앞으로 한 걸음도 나아가지 못하게 되었습니다.

우리는 미래에 대한 혼란스런 고민에 너무나도 사로잡혀 ("어느 다리가 나갈 차례지?") 현재의 기회를 포착하고, 지금 당장 필요한 일을 해야 하는 것에 실패 할 수 있습니다. 계속 늙어가고 있으면서도 여전히 학위에 파묻혀 사는 만년학생들처럼, 우리 역시 항상 준비하는 법만을 배우며 삶을 낭비할 수 있습니다.

누군가가 그 학생의 아버지에게 이렇게 물었습니다.

"대학을 졸업한 이후에 당신 아들은 무엇이 되려고 합니까?"

그 아버지는 대답했습니다.

"늙은이요."

모든 하나님의 사람들은 사역자들입니다. 그중 몇몇 분들은 목사님이십니다. 우리는 좋은 사역자이든지 아니면 나쁜 사역자이든지 둘 중의 하나입니다. 하지만 우리는 사역자이고, 사역자로서 우리는 마지막 날에 주님에 의해서 판단 받게 될 것입니다. 그 날에는, 우리가 얼마만큼 잘 알고 있었는가 하는 것이 중요한 것이 아니라, 우리가 알고 있는 바대로 우리가 실천했는가 하는 것이 더욱 중요합니다. 우리가 하나님의 무한한 자원을 가져오게 하는 사랑의 통로로 쓰임 받았는지요? 우리가 하나님의 영광에 이르도록 다른 사람의 필요를 채워 주었는지요?

왜냐하면 하나님은 미래에도 계시고, 예수님은 음부의 권세가 당신의 교회를 이기지 못할 것이라고 약속하셨기 때문에 나는 미래에 대해 오히려 격려 받습니다. 예수님이 우리의 구주이시면, 미래는 우리의 친구입니다. 예수님은 변함없이 당신의 양들에 앞서서 나아가시고, 그 가는 길을 준비하십니다. 우리가 맡은 일은 주님을 비판하며 이러쿵저러쿵 말하는 것이 아니라 주님을 온전히 좇아가는 것입니다. 그리면 주님이 나머지는 책임지실 것입니다. "즉 예로부터 이것을 알게 하시는 주의 말씀이라 함과 같으니라."^{행 15:18}

헤롤드 린드셀^{Harold Lindsell}박사[1]는 자신은 알미니안의 심장

---

[1] Halold Lindsell(1913-1998) 목사는 보수적인 복음주의적 학자, 성경교사, 20여 권 이상의 책을 저술한 기독교 작가이다. 1947-1964년 풀러신학교의 선교학 교수 및 부총장으로 섬겼으며, 1968-1978년 동안 미국의 대표적 기독교 잡지 중의 하나인 「크리스채너티투데이」(*Christianity Today*) 편집장을 역임하였다.*

과 칼빈주의자의 척추를 원한다고 일전에 나에게 말했던 적이 있습니다. 나는 신학적인 분석^{또는 분석적인 신학강의} 수업을 한 번도 들은 적은 없지만, 나는 헤롤드 박사의 뜻을 잘 알겠습니다. 내가 생각하기로는 알미니우스^{Jacobus Arminius}2나, 칼빈^{John Calvin}3이나 모두 그의 의견에 동의하리라 봅니다. 어느 시대를 살든지 하나님의 사람들은 사역을 하는 데 있어 용기와 불쌍히 여기는 마음을 항상 품어야 했습니다. 하나님의 주권과 하나님의 사랑은 사탄을 대항하고 그가 힘을 쓸 수 없도록 하나님의 일꾼들을 위한 무적의 연합을 만들어냅니다.

---

2 Jacobus Arminius(1560-1609)는 네덜란드의 개혁파 신학자로 암스테르담에서 설교자로 인기를 얻은 이후 1603년 레이덴대학(Leiden University)의 교수가 되었다. 신학적으로는 처음부터 비교적 자유로운 입장에 섰는데, 특히 그 대학의 동료교수인 F. 고마루스와 칼빈의 예정설 교리와 해석문제로 논쟁을 벌였다. 알미니우스설로 불린 그의 주장은 많은 지지자를 얻었는데, 이들은 칼빈의 예정설을 온건하게 해석하였으며, 이들 우파를 따르는 교회로는 영국의 웨슬리파, 미국의 감리교회, 구세군 등이 있다. 이들 알미니우스파를 간쟁파라 부르기도 한다.*

3 John Calvin(1509-1564)은 종교개혁 시기에 활동했던 영향력 있는 프랑스의 신학자요 목회자로 기독교 신학을 조직적으로 연구 발전시켜 이후 그의 연구 업적은 '칼비니즘'으로 불리게 되었다. 그는 예정의 교리, 죽음과 영원, 인간의 구원에 관해 하나님의 절대주권을 강조하는 어거스틴의 전통에 영향 받았으며, 대표적인 저서로 『기독교강요』가 있다.*

그러니, 오늘 사역을 시작하시고, 여러분이 할 수 있는 한 사역에 매진하십시오. 이 전쟁에서는 중도하차란 말은 없습니다. 하나님은 "대대에 우리의 거처"[시 90:1]가 되어오셨습니다. 그래서 그분은 마음을 바꾸시지도, 우리를 떠나시지도 않으십니다. 만일 예수님이 우리의 생애 가운데 다시 오시지 않으신다면, 여러분과 나는 무대 위에서 사라질 것이고, 아마 곧 잊혀지는 존재가 될 것입니다. 하지만 문제될 것은 없습니다. 만일 우리가 하나님의 뜻을 준행했다면, 다른 누군가가 우리의 갈 길을 미리 준비해 주었던 것처럼, 다음 세대가 가야 할 길을 준비하는 데 우리가 도움이 되겠지요.

사역은 계속됩니다.

그래서 임종을 앞둔 존 웨슬리(John Wesley)[4]가 남겼던 마지막 한 마디는 오늘날의 교회를 위한 올바른 좌표가 되어왔습니다.

> **가장 좋은 것은 하나님이 우리와 함께하신다는 것입니다!**

---

4 John Wesley(1703-1791년)는 영국국교회에서 최종적으로 분리된 감리교 운동을 창시한 영국국교회 신부이다. 감리교와 영국국교회에서는 그의 회심일인 5월 24일을 기념하고 있다.*

하나님의 일꾼과 사역 On Being a Servant of God

2013년 1월 5일 초판 발행
2020년 11월 30일 초판 2쇄 발행

지은이 | 워렌 W. 위어스비
옮긴이 | 최용수

펴낸곳 | 사)기독교문서선교회
등록 | 제16-25호(1980. 1. 18)
주소 | 서울시 서초구 방배동 983-2
전화 | 02) 586-8761~3(본사) 031) 942-8761(영업부)
팩스 | 02) 523-0131(본사) 031) 942-8763(영업부)
홈페이지 | www.clcbook.com
이메일 | clckor@gmail.com
온라인 | 기업은행 073-000308-04-020, 국민은행 043-01-0379-646
  예금주: 사)기독교문서선교회

ISBN 978-89-341-1244-0 (03230)

* 낙장·파본은 교환해 드립니다.